자기진단과 진로탐색

| 송미라 · 이 영 · 황혜원 공저 |

양 성 원

머리말

우리는 어린 시절부터 지속적으로 꿈에 대한 질문을 받기도 하고 꿈에 대해 직접 그려 보기도 하면서 미래를 꿈꾸며 살아왔다. 어린 시절 너무 짧은 시간 가졌던 꿈이라 생각도 나지 않는 꿈들도 있을 것이고, 너무도 간절하게 원하였으나 현실을 받아들이라는 말에, 능력이 되냐는 질문에 포기해야 했던 꿈들도 있을 것이다. 어쩌면 성장하면서는 꿈을 가져 본들 그 꿈들이 쉽게 이루어질 수 없음을 알고 오히려 살아남는 방법에 더 집중하면서 현실과 타협하는 자신의 모습을 마주하게 될 수도 있다. 나 역시 한때 현실과 타협하여 앞으로 유망하다는 직업을 향해 전공을 선택하였으나 원하는 꿈을 찾아 새로운 도전을 해야 했던 과정이 있었다.

어쩌면 우리는 끊임없이 삶의 목표와 꿈을 향해 노력하면서 매 순간 다양한 경험과 탐색을 이어 가야 할 것이다. 알지 못했던 자신을 서서히 알아 가고 꿈을 이뤄 가는 멋진 미래를 맞이하기 위해 오늘 우리는 어떠한 준비를 하면 좋을까?

행복하고 만족스러운 삶에 필요한 변인들은 다양하다. 특히 4차 산업 혁명 시대를 맞이하여 세상은 급변하고 있고 이러한 변화는 우리를 둘러싸고 있는 많은 것들에 영향을 주고 있다. 이러한 현실 속에서 각자 자신을 지키면서 행복한 삶을 살기 위해 우리에게 특히 필요한 것이 바로 '진로(塵勞)'일 것이다. 진로는 앞으로 나아가는 길을 말하는 것이며 이 길은 어쩌면 전 생애 개발의 길이 될 수 있고 각자 삶의 과정이 될 수 있을 것이다. 특히 인간은 태어날 때부터 성장 욕구를 가지고 있으므로 뚜렷한 목적의식을 가지고 이를 행동으로 옮기면서 생애 주기를 발전시키는 과정은 삶의 만족도에 중요한 요인이 될 수 있을 것이다. 따라서 확고한 진로의식을 가지고 진로에 대해 고민하면서 생산적인 직업 생활을 할 수 있도록 교육하는 것 역시 중요하다.

이 책에서는 이러한 진로탐색 과정에서 자신을 발견하고, 진로를 결정하며, 미래를 위해 목표를 세우고 실천하면서 자신의 마음을 굳건히 하길 바라는 마음으로 미래 설계에 도움이 될 수 있는 다양한 정보와 활동에 대해 제공하고자 하였다.

먼저 다양한 시각에서 자신을 이해하고 분석해 보는 시도를 하였다. 자신의 흥미, 가치관, 적성, 성격 등을 구체적으로 파악하여 종합적으로 자기를 이해해 봄으로써 자신에게 맞는 진로를 선택해 보는 과정을 안내하였다.

다음으로, 직업에 대한 이해와 다양한 정보를 통해 직업세계의 구조 변화를 파악하고 진로 정보를 파악해 보면서 진로를 합리적으로 결정해 보도록 하였다. 진로 과정은 개인마다 다를 수 있으므로 결국 자신이 어떤 선택을 하는지가 중요할 수 있는데, 이러한 결정 과정에서 방해되는 요소들을 살펴보면서 가장 적절한 결정에 도달할 수 있도록 하였다.

마지막으로 취업 준비에 필요한 진로 포트폴리오 등을 살펴보면서 원하는 직업에 효과적으로 진입할 수 있는 방안에 대해 소개하고 있다.

진로에 대해 고민하는 순간에 이 책을 통해 학습하고 활동하면서 자신에게 가장 만족스러운 진로 준비 과정이 이뤄질 수 있을 것으로 확신하면서, 이 교재를 통해 많은 사람들이 삶의 만족과 행복에 다가설 수 있기를 진심으로 기원한다.

이 책이 나올 때까지 함께한 이영 교수님, 황혜원 교수님을 비롯하여 출판에 도움을 주신 양성원에 감사드린다. 아무쪼록 이 모든 노력과 수고가 이 책을 보게 될 모든 분들에게 도움이 되고 삶의 희망을 안겨 줄 수 있기를 바라며 모두의 꿈을 응원해 본다!

2023년 2월

대표 저자 송미라

차례

Chapter 01

대학생과 진로탐색

Chapter 01 대학생과 진로탐색

1. 진로의 의미와 중요성을 이해한다.
2. 진로탐색의 목표와 과정을 이해한다.

1. 진로란 무엇인가

진로(進路)의 사전적인 의미는 '앞으로 나아갈 길'로, 한 개인의 전 생애를 걸쳐 일과 관련된 경험을 말한다. 다시 말하면, 한 개인이 자신의 일생을 통해 수행하게 되는 일의 총체(Hyot, 1975)라고 할 수 있다. 진로는 일이나 직업을 선택하는 특정한 시기를 가리키는 것이 아니라 태어나면서부터 죽을 때까지 한 개인의 학업, 일, 직업, 결혼 등의 삶의 길을 이야기한다. 진로는 개인의 삶의 과업들을 준비하고 완성해 나가는 것이라고 할 수 있다. 따라서 진로를 잘 이해하기 위해서는 과거부터 현재의 자신의 모습을 정확하게 이해하고 준비해야 한다. 이는 개인의 잠재능력을 발휘하고 삶의 의미를 찾는 '행복한 삶'의 기본이 된다.

2. 대학생과 진로탐색

에릭슨(Erikson)의 심리사회발달단계에 의하면 대학생 시기는 중·고등학교 시절의 과업이었던 자신의 이해를 통해 자아정체감을 찾아 학업과 일, 사람들과 친밀감을 성취해 나가는 단계이다. 긴즈버그(Ginzberg, 1951)의 진로발달단계로 보면, 자신의 능력, 흥미, 가치 등의 자기이해와 현실적인 상황을 고려하여 다양한 직업을 탐색하고, 결정된 것에 대하여 구체적인 계획을 세우는 단계로 보았다. 또한 슈퍼(Super, 1953)는 자신의 진로를 선택한 후, 선택한 직업에 대하여 자신과 적합한지에 대하여 검증하고, 그렇지 않을 경우 적합한 일을 찾아가기 위해 변화를 시도하는 단계로 보았다. 그러나 안타깝게도 우리나라는 '대학입시'라는 제도로 인해 중·고등학교 시절 일과 직업에 대한 충분한 자기이해를 하지 못한 채, 대학에 진학하게 된다.

2018년 취업포털 사이트 알바몬에서 대학생 5,794명을 대상으로 '전공에 대한 만족도'를 조사하였다. 이에 37.3%가 기회가 있다면 전공을 바꾸고 싶다고 응답하였다. 전공을 바꾸고 싶은 학생들에게 그 이유에 대해서 물어보았다. 이에 대한 복수응답 결과 1위가 '적성에 맞지 않아서'가 43.8%, 2위가 '다른 분야에 관심이 생겨서' 40.4%로 대답하였다. 이러한 결과는 앞에서 말한 것과 같이 일과 직업에 대한 자기이해를 가지고 진로설계를 하지 못한 결과의 하나라 볼 수 있다. 따라서 대학생들에게 진로탐색이 필요한 이유는 일과 직업에 관련하여 충분한 자기이해를 하고 이를 토대로 합리적인 의사결정을 하고 준비하기 위함이다. 더 나아가 졸업 후 자신이 선택한 직업에 대한 만족을 느끼고 직업 활동에서 생산적인 성과를 발휘하여 자신의 삶의 의미와 행복한 삶을 누리기 위함이다.

3. 진로탐색의 목표

진로탐색의 목적은 일에 대한 자기이해와 직업에 대한 이해를 통해서 합리적인 의사결정을 통해 자신이 앞으로 나아갈 방향을 계획하는 것이다.

1) 자기이해

자신에게 가장 적합한 직업을 찾는 것은 결코 쉬운 일이 아니다. 그 이유는 개인의 한쪽 부분과 일치한 부분으로만 결정되는 것이 아니라 삶의 주체자인 한 개인의 모든 부분에 대하여 결정이 이루어지기 때문이다. 직업을 선택하기 위한 첫 번째는 올바른 자기이해에서 시작된다. 올바른 자기이해란 객관적인 자기이해를 말한다. 직업마다 요구하는 능력, 역할, 적성 등이 다르므로 자기에 대한 능력, 흥미, 가치관, 환경, 신체적인 조건 등을 탐색하는 과정을 통해서 객관적인 자기이해가 매우 중요한다.

2) 직업세계의 이해

직업은 역사와 시대의 흐름에 따라 끊임없이 변화되고 있다. 따라서 역사와 사회의 흐름 속에서 변화하는 직업세계를 이해하는 것이 매우 중요한다. 특히 최근에는 과학기술의 발전과 예기치 못한 사회변화로 인해 산업구조가 급격하게 변화하고 있다. 이에 따라 직업에 대한 인식도 변화하고 있다. 따라서 자신에게 맞는 직업을 선택하는 것도 중요하지만 미래 직업세계의 변화 요인이 무엇인지, 앞으로의 직업에 대한 전망이 어떠한지 등에 대하여 충분히 고려하여 개인이 실현 가능한 직업을 선택하는 것 또한 매우 중요하다.

3) 합리적인 의사결정 능력 형성

진로탐색은 크고 작은 '선택'으로 마무리가 된다. 따라서 자신의 진로를 합리적으로 결정하고 준비하기 위해서는 주어진 상황을 정확하게 판단하고 최선의 것을 선택할 수 있는 높은 수준의 의사결정 능력이 필요하다. 따라서 개인의 삶에 가장 중요한 영향을 미치는 직업을 선택하고 결정하는 데 있어 방해요인을 찾아내고 합리적인 결정을 할 수 있도록 의사결정 능력을 키워야 한다.

[그림 1-1] 합리적인 의사결정 과정

〈표 1-1〉 진로장벽[1] 요인

개인적 요인	• 자기이해 부족: 개인의 능력, 흥미 등을 잘 모르는 경우 • 진로 및 직업정보의 부족 • 낮은 자신감 • 신체적 장애 • 부정적인 사고
환경적 요인	• 경제적인 어려움 • 중요한 타인과의 갈등: 부모님 등 자신의 의사결정에 중요한 영향을 주는 사람이나 자신과의 진로에 대한 의견 차이를 보이는 사람과의 갈등 • 사회의 부정적 편견과 고정관념: 성별, 지역, 학력, 인종 등의 차별 • 원하는 직업의 낮은 직업전망 • 노동 시장의 제약

1) 진로장벽은 개인이 진로를 개발하고 준비하는 일을 방해하는 부정적인 요인을 말한다.

4) 정보탐색 및 활용 능력 형성

우리는 정보화 시대에 살고 있다. 따라서 수많은 정보들 사이에서 정확한 정보를 찾아 탐색하는 능력은 매우 중요하다. 왜냐하면 진로탐색 과정에서 얻게 되는 정보는 개인의 진로를 결정하고 준비 행동을 만들어 주기 때문이다. 그렇기 때문에 우리는 나 자신뿐만 아니라 직업과 관련된 많은 정보(교육정보, 직업훈련정보, 자격정보 등)들에 대해서 정확한 정보를 얻을 수 있는 제공처를 알고 이를 자신의 진로준비 행동에 도움이 될 수 있도록 활용할 수 있는 능력을 가지고 있어야 한다. 이러한 능력은 직업과 관련된 자기 자신의 이해와 직업세계의 정보를 바탕으로 합리적인 의사결정을 하도록 하며, 더 나아가 개인의 진로목표와 계획 수립을 할 수 있게 한다.

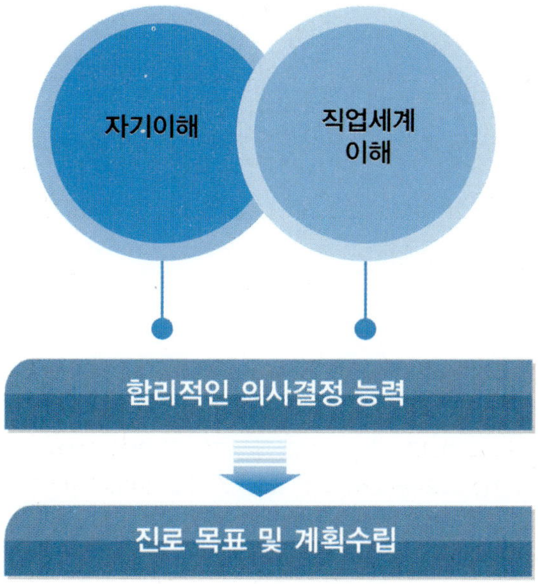

[그림 1-2] 진로탐색의 목적

워크시트 나는 누구인가?

나는 누구인가?

아래 문항에 대하여 빠짐없이 그리고 솔직하게 자신과 관련지어 문장을 완성하세요. 깊이 생각하지 말고 되도록 읽는 순간 그대로 빨리 작성하세요. 해당 사항이 없으면 하지 않아도 됩니다.

1. 내가 가장 만족스러웠던 삶 2가지는 ________________
2. 내가 싫어하는 것은 ________________
3. 내가 좋아하는 것은 ________________
4. 나를 기분 좋게 하는 것은 ________________
5. 내가 가장 행복한 기분은 갖게 될 때는 ________________
6. 내가 제일 두려워하는 것은 ________________
7. 내가 가장 후회하는 일은 ________________
8. 내가 살아야 할 이유는 ________________
9. 나를 가장 괴롭히는 일은 ________________
10. 나의 성격은 ________________
11. 나의 가장 큰 매력은 ________________
12. 나의 부모님은 나를 ________________
13. 나의 형제(자매)는 나를 ________________
14. 나의 친구들은 나를 ________________
15. 우리 집에서 나는 ________________
16. 내가 가장 관심 있어 하는 일은 ________________
17. 내가 가장 자랑스러웠던 일은 ________________

워크시트 나의 미래를 위해 중요한 생각해 보기

1. 지금까지 가장 보람 있었다고 생각되는 2가지는 무엇일까요?

–

–

2. 가장 만족을 느꼈던 성취경험 3가지는 무엇인가요? 그 이유는 무엇일까요?

–

–

–

3. 내가 생각하는 '행복'이란 무엇일까요?

4. 내가 행복한 삶을 살기 위해서 반드시 필요한 것 3가지는 무엇일까요? 그 이유는 무엇일까요?

–

–

–

5. 앞으로 꼭 성취했으면 좋겠다고 생각하는 소원 3가지는 무엇일까요?

–

–

–

워크시트 꿈 변천사

자신이 어떤 이유로 꿈을 꾸었고, 또 어떤 다른 이유로 새로운 꿈을 꾸게 되었는지 적어 보세요.

<table>
<tr><th>시기</th><th>꿈</th><th>꿈을 가지게 된 이유</th><th>꿈을 포기한 이유</th></tr>
<tr><td>유치원</td><td></td><td></td><td></td></tr>
<tr><td>초등학교</td><td></td><td></td><td></td></tr>
<tr><td>중학교</td><td></td><td></td><td></td></tr>
<tr><td>고등학교</td><td></td><td></td><td></td></tr>
<tr><td>지금 현재</td><td></td><td></td><td></td></tr>
<tr><td>꿈 변천사를 통한
나의 모습</td><td colspan="3"></td></tr>
</table>

Chapter 02

흥미

02 Chapter 흥미

학습목표

1. 흥미에 대해 살펴본다.
2. 자신의 흥미에 대해 구체적으로 진단, 확인해 본다.
3. 자신의 흥미에 적합한 직업 환경에 대해 알아본다.

1. 흥미에 대한 이해

1) 흥미의 중요성

자신의 진로를 결정할 때 가장 도움이 될 수 있는 출발점은 보통 자신이 좋아하는 것을 찾는 것이다. 따라서 하고 싶은 일과 하기 싫은 일을 탐색해 보는 과정은 앞으로 자신의 진로를 찾아가는 과정이 될 수 있다. 이와 같이 어떤 것을 좋아하고 재미를 느끼며 관심을 갖는 것을 흥미라고 한다. 즉, 흥미(interest)는 어떤 사물에 대해 특별한 관심 또는 호기심을 가지는 것, 더 나아가 어떤 사람이나 활동에 대해 가지는 긍정적인 느낌으로 정의할 수 있다. '심리학 사전'에서는 "어떤 대상에 특별한 관심이나 주의를 하게 하는 감정"으로 흥미를 정의하고 있으며, '교육학 사전'에서는 "관심 있는 어떤 지각이나 사상을 포함하며 지적 및 감정적 의식의 혼잡을 포함하는 주관적 및 객관적인 태도, 관심, 조건"으로 정의하고 있다. 결국, 흥미는 어느 한 부분의 의식만으로 형성되는 것이 아니라 감정적 의식과 지적 의식을 포괄하는 폭넓은 의식 차원으로 형성된다고 볼 수 있다.

사람들은 각기 다른 흥미를 지니고 있고 누군가는 그 흥미를 많이 개발하여 적용하고도 있지만 누군가는 자신의 흥미를 제대로 파악하지 못하여 적절하게 이용하지 못하고 있을 수도 있다. 이와 같은 흥미에 대한 차이는 자신과 자신을 둘러싸고 있는 여러 환경적 측면에 대한 이해와, 새로운 활동에 대한 도전을 통한 경험에서 흥미가 형성되기 때문이다. 또한 흥미를 유발할 수 있는 사람이나 대상을 접할 때 비로소 적극성과 능동적인 태도가 발현된다고 볼 수 있으므로, 나의 흥미가 무엇인지 집중해 보는 것은 삶에서 아주 중요한 포인트가 될 수 있다.

특히 직업흥미는 일생의 많은 부분을 차지하고 있는 직업 선택과 성공적인 삶에 중요한 요인 중 하나이므로, 대학생들에게 있어서 직업흥미를 탐색하는 것은 매우 중요하다.

2) 직업흥미에 대한 이해

개인이 직업을 선택할 때 자신의 흥미, 가치, 성격, 적성, 환경, 신체조건 등 다양한 요인이 복합적으로 작용하게 되는데, 그중에서도 직업에 대한 흥미는 진로선택에 중요한 요인으로 간주되고 있다.

직업흥미(vocational interest)는 자신이 좋아하는 직무를 수행하고자 하는 직업적 가치를 반영하는 것으로서, 특정 직업이나 직업군에 대한 좋고 싫음의 반응 정도와, 해당 직업의 주된 활동을 선택적으로 취하고자 하는지 여부를 말한다. 이러한 직업흥미는 흥미에 대한 표현과 흥미의 행동화, 흥미 검사 등으로 드러날 수 있는데, 이 중에서 흥미 검사는 보다 일관성이 있어서 직업탐색의 도구로 주로 사용되고 있다. 다양한 흥미 검사 중에서 홀랜드 검사와 직업선호도검사는 진로탐색 및 직업선택, 직업계획 과정에 실용적으로 적용되고 있다.

2. 흥미검사를 통한 진로탐색

1) 홀랜드 검사

진로심리학자인 존 홀랜드(John L. Holland)는 개인 및 환경 사이의 적합성 모형을 토대로, 각 유형의 사람들이 자신에 대한 평가, 선호하는 활동, 적성, 가치관 등 여러 분야에서 독특함을 보이며, 이러한 독특한 자신의 특성을 이용하여 활동하고 자신의 유능함을 지각하면서 이를 근거로 직업이나 자신의 분야를 인식하게 되는 흥미 구조를 만들어 간다고 보았다. 따라서 개인의 흥미 유형이 직업 환경의 흥미 유형과 일치할 때 직무 성과가 클 수 있다.

홀랜드는 직업흥미이론을 근거로 RIASEC 육각형 모델을 개발하였으며, 이 모형을 통해 진로 결정을 위한 효과적인 방법을 제시하였다. RIASEC 육각형 모델은 현실형(Realistic), 탐구형(Investigative), 예술형(Artistic), 사회형(Social), 진취형(Enterprising), 관습형(Conventional)으로 분류되며 각 유형마다 독특한 특성이 있어서 직업선택, 직업계획 등의 과정에서 실용적으로 적용할 수 있다. 따라서 개인의 특성과 직업 환경의 특성이 서로 일치할 때 직업 만족도와 적응도가 높아질 수 있다.

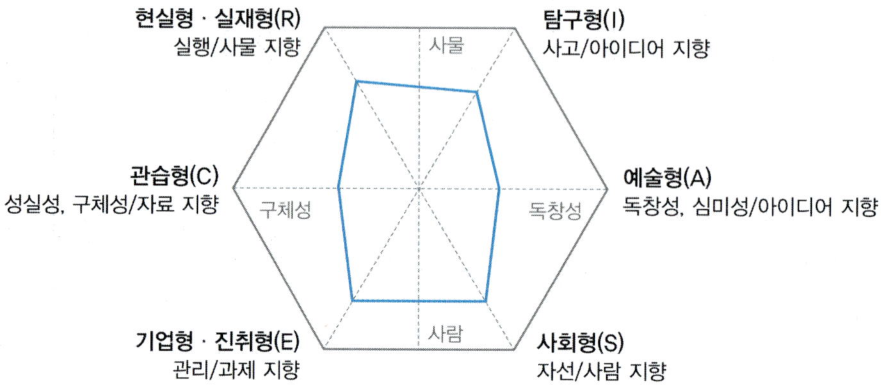

2) 홀랜드 검사 결과에 대한 이해

다음은 각 유형에 따른 흥미와 선호 활동 및 직업을 요약한 것이다.

현실형(R)

- 사교적이기보다 손재주, 기계나 컴퓨터 등의 도구 활용에 흥미 있음
- 분명하고 질서정연하며 실질적인 것을 좋아함
- 물질 지향적/구체적/실용적이며 기능성과 예측 가능성을 선호함
- 남성적이고 무뚝뚝하며 고집이 강한 편임
- 경쟁 및 게임 활동이나 신체적 활동을 선호함
- 교육 또는 치료 활동에는 관심이 없음
- 직업가치: 성취, 금전을 중요시하고 실내 활동이나 지식추구 낮음

<table>
<tr><th>구분</th><th colspan="2">현실형</th></tr>
<tr><td>대표적인 성격 묘사</td><td colspan="2">• 실재적, 실리적, 사무적, 검소한, 솔직한, 순수한, 순응적, 물질주의적, 수줍은, 진실한, 평범한, 자연스러운</td></tr>
<tr><td>적성/
잠재 능력</td><td colspan="2">• 기계적, 운동적 능력이 높고 대인관계 능력은 부족함
• 도구와 기계를 사용한 문제 해결 능력
• 손재주와 정신 운동성 기술
• 신체적 힘, 야외 작업이나 모험적 활동</td></tr>
<tr><td rowspan="2">가치/목표</td><td>상대적으로 높음</td><td>• 눈에 보이는 성취에 대한 물질적 보상
• 실용성, 기술, 기능, 전문성, 유능성, 생산성
• 뛰어난 운동 능력, 기계나 장치를 잘 다루는 기술 및 연구</td></tr>
<tr><td>낮음</td><td>• 몸과 마음의 여유, 지적 추구, 실내활동</td></tr>
<tr><td>선호 활동</td><td colspan="2">• 기계나 연장을 조작하고 동물이나 식물을 다루는 활동
• 운동이나 신체를 사용하는 활동
• 야외 활동: 운동, 캠핑, 탐험, 동식물 기르기
• 스포츠, 차, 비행기, 배에 관한 활동이나 책/잡지 읽기
• 낡은 물건 수리하기, 공작 · 조립 등 사물 대상 활동
• 사냥, 낚시, 캠핑, 암벽등반, 신체 모험 활동</td></tr>
<tr><td>회피 활동</td><td colspan="2">• 타인과의 상호작용이 필요한 활동
• 사회적 및 교육적 능력을 필요로 하는 활동</td></tr>
<tr><td>직업 활동</td><td colspan="2">• 손재주, 섬세한 운동신경이 필요한 일: 고치기, 만들기, 수리하기 등
• 도구를 사용하는 일: 무거운 장비나 정밀한 기계 작동 또는 설계
• 명확한 결과를 산출하는 일</td></tr>
<tr><td>전공 계열</td><td colspan="2">• 공학계열, 농학, 해양/수산, 체육, 이과계열</td></tr>
<tr><td>선호 직업</td><td colspan="2">• 기술자, 자동차엔지니어, 항공기 조종사, 정비사, 농부, 정원사, 소방관, 경찰관, 운동선수, 전자기계 기사, 경찰, 목축업자, 공학자 등</td></tr>
</table>

탐구형(I)

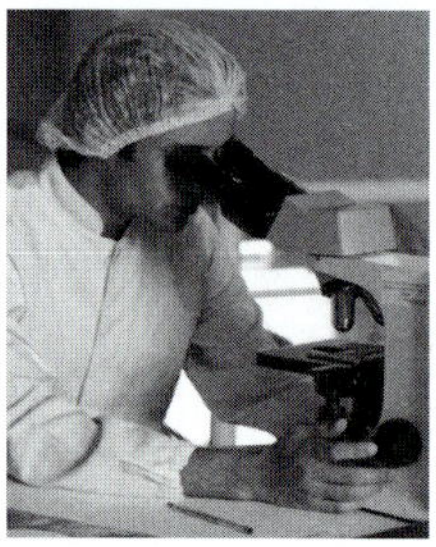

- 호기심이 많고 독립적이며 사회적 관계에 관심이 적음
- 과학적, 사회문화적 현상을 관찰하고 배우며 연구하는 것을 좋아함
- 논리적·분석적이며 연구하고 분석 및 평가하는 탐구 활동 선호함
- 개인적인 관심 주제에 관심을 가지고 몰입하는 경향이 있음
- 사람보다 아이디어 중시하고 추상적 지능이 높음
- 독립적이고 혁신적인 활동을 선호함
- 직업가치: 지식추구, 개별활동을 중요시하고, 봉사심, 애국심 낮음

구분	탐구형	
대표적인 성격 묘사	• 분석적, 지적, 탐구적, 독립적, 내성적, 학구적, 합리적, 지능적, 말 없는, 비판적, 정밀한, 복잡한, 비관적, 정확한, 주의력 있는	
적성/잠재 능력	• 학구적이고 지적인 영역에 대한 자부심 • 수학적, 과학적, 분석적 능력 • 연구 및 작문 능력 • 어렵고 추상적인 문제에 몰입하는 인내력	
가치/목표	상대적으로 높음	• 지식 개발과 습득 추구 • 창조적이고 과제중심적 추구 • 탐구, 지식, 학문, 지혜, 합리성 추구 • 관행보다는 가치/태도를 중요시함
	낮음	• 봉사, 애국, 금전적 보상
선호 활동	• 자연, 사회현상에 대한 탐구, 분석 및 예측하는 활동 • 지식을 습득하는 활동: 독서, 토론, 과학 동아리나 시사 동아리 활동 • 천문학/체스/새 관찰/독서/컴퓨터 프로그램 • 상징적, 체계적, 창조적인 활동이 요구되는 조사나 연구 활동 • 원리적, 논리적인 학습이 요구되는 복잡한 활동	
회피 활동	• 지도력이 필요하고 설득하는 활동 • 여가, 사회적 활동, 사람과 함께하는 활동	
직업 활동	• 과학적으로 조사하고 분석하고 실험하는 활동 • 자료를 수집하고 조직하는 활동 • 독립적, 사고를 통한 문제 해결 활동 • 추상적인 과제를 해결하는 활동	
전공 계열	• 이학, 약학, 의학, 치의학	
선호 직업	• 과학자, 생물학자, 화학자, 물리학자, 지질학자, 의료기술자, 의료공학자 • 의사, 심리학자, 철학자, 인류학자, 약사, 수의사, 교육학자, 연구원, 언어학자, 번역가, 교수	

예술형(A)

- 창의성을 지향하고 새로운 방법으로 생각과 감정을 표현함
- 변화, 다양성을 추구하고 틀에 박힌 것을 싫어함
- 자유롭고 비구조적인 환경을 선호함
- 상징적이고 창작하는 활동에 흥미가 있음
- 상상력과 감수성, 독창성, 개방성, 독립성이 높으며 협동심 낮음
- 예술적 소질이 강하며 유별나고 예민하며 독특해 보임
- 직업가치: 자율, 변화, 여유를 중요시함

<table>
<tr><th>구분</th><th colspan="2">예술형</th></tr>
<tr><td>대표적인 성격 묘사</td><td colspan="2">• 창의적, 직관적, 정서적, 감성적, 표현적, 이상적, 상상력 있는, 비순응적, 충동적, 개방적, 독립적, 독창적, 민감한, 비실용적</td></tr>
<tr><td>적성/ 잠재 능력</td><td colspan="2">• 창조적, 상상적, 미술적, 음악적 능력
• 언어적 능력/연기 능력
• 예술적 능력</td></tr>
<tr><td rowspan="2">가치/목표</td><td>상대적으로 높음</td><td>• 아이디어, 정서, 감정의 창조적 표현
• 미학적 본질 추구
• 관습을 따르지 않고 독립성을 추구
• 예술성, 창의성, 개성, 변화, 자율을 중요시함</td></tr>
<tr><td>낮음</td><td>• 애국, 봉사, 영향력 발휘</td></tr>
<tr><td>선호 활동</td><td colspan="2">• 예술적 형태를 창조하는 신체적, 언어적 활동
• 예능 활동 분야: 음악이나 미술 관련 활동, 무용, 글쓰기, 예술품 수집
• 모험적인 활동</td></tr>
<tr><td>회피 활동</td><td colspan="2">• 틀이나 규칙이 있는 활동
• 분명하고 체계적이며 질서정연한 활동
• 사무적인 능력이 요구되는 활동</td></tr>
<tr><td>직업 활동</td><td colspan="2">• 예술 창작 분야: 작곡, 작문, 연기, 공연, 악기 연주, 장식, 설계 등
• 프리랜서: 독립적으로 일할 수 있는 직업 활동</td></tr>
<tr><td>전공 계열</td><td colspan="2">• 음악, 미술, 공예, 연극영화, 무용계, 문학계</td></tr>
<tr><td>선호 직업</td><td colspan="2">• 순수예술가, 작곡가, 음악가, 무대감독, 작가, 배우, 소설가, 응용미술가, 디자이너, 무용가, 사진작가, 시인, 미용사
• 리포터, 변호사, 사서, 광고전문가, 방송인, 전문저술가, 건축사</td></tr>
</table>

사회형(S)

- 타인과 어울리고 함께하는 활동을 선호함
- 이해심, 참을성이 많고 사교적이며 이타심이 있음
- 훈련, 발달, 치료 활동을 선호함
- 협력적이며 친근하고 관대함
- 사회적 및 교육적 능력을 가지고 있음
- 타인의 문제를 듣고, 이해하고, 도와주는 활동에 흥미가 있음
- 직업가치: 금전보상, 개별활동보다 협력, 봉사, 변화지향성을 중요시함

<table>
<tr><th>구분</th><th colspan="2">사회형</th></tr>
<tr><td>대표적인 성격 묘사</td><td colspan="2">• 친절한, 우호적, 사교적, 관대한, 따뜻한, 협조적, 책임감, 이상주의적
• 이해심 많은, 인내심 많은, 동정심 많은, 재치 있는</td></tr>
<tr><td>적성/ 잠재 능력</td><td colspan="2">• 사회적, 교육적 지도력
• 타인의 얘기를 청취하고 구술, 교수할 수 있는 능력
• 다른 사람을 이해하고 공감하는 능력
• 사회 대인 관계에서의 수완</td></tr>
<tr><td rowspan="2">가치/목표</td><td>상대적으로 높음</td><td>• 타인의 복지에 대한 관심: 사랑, 봉사, 헌신, 공익, 용서
• 윤리적, 책임감, 협동심, 이해심, 통찰력
• 친절, 온정적, 감동적</td></tr>
<tr><td>낮음</td><td>• 금전적 보상, 개별활동</td></tr>
<tr><td>선호 활동</td><td colspan="2">• 상담 활동: 타인의 문제를 들어주고 도와줌
• 교육 활동: 발달시키고 치료해 주는 활동
• 사회적 서비스 활동: 다른 사람을 즐겁게 하고 같이 하는 활동에 참석
• 자원 봉사나 사회적 행사를 기획하는 활동</td></tr>
<tr><td>회피 활동</td><td colspan="2">• 기계, 기술적인 활동
• 자료나 도구, 또는 기계를 포함하는 명확하고 체계적인 활동
• 조작, 기계, 농경, 전기 및 기술적인 활동</td></tr>
<tr><td>직업 활동</td><td colspan="2">• 가르치고 설명하며 계몽하는 활동
• 안내하고 도와주며 촉진하는 활동
• 정보를 제공하고 기획하는 활동
• 주도적으로 문제를 해결하고 논의하는 활동</td></tr>
<tr><td>전공 계열</td><td colspan="2">• 사회계열, 가정, 간호, 사회복지, 사범대, 심리, 체육, 교육학</td></tr>
<tr><td>선호 직업</td><td colspan="2">• 사회복지사, 심리상담가, 교사, 종교인, 간호사, 유치원 교사, MC, 아나운서, 보육교사, 특수교사, 초등학교 교사, 인사담당자, 사회 교사, 물리치료사</td></tr>
</table>

진취형(E)

- 조직의 목표나 경제적인 이익을 위해 남을 지배하려는 경향이 있음
- 리더십, 도전, 책임의식, 타인에게 영향을 주는 것에 흥미를 느낌
- 인정, 위신, 사례 중시, 그룹, 조직, 다양한 사람 선호함
- 자신감, 야심적, 외향적이며 실질적 보상에 관심 있음
- 외향적이고 낙관적이며 열성적임
- 경쟁심이 강하고 자기주장을 잘 표현하며 보상에 민감함
- 직업가치: 영향력, 성취, 금전을 중요시함

<table>
<tr><th>구분</th><th colspan="2">진취형</th></tr>
<tr><td>대표적인 성격 묘사</td><td colspan="2">• 활동적, 충동적, 긍정적, 소유욕, 모험적, 야망적, 주목받는, 지배적, 인기 있는, 자신감이 있는, 자극적, 낙관적, 과시욕, 외향적, 통솔력</td></tr>
<tr><td>적성/
잠재 능력</td><td colspan="2">• 사회성, 리더십, 대인관계능력, 설득력
• 연설, 판매 등 언어구사 능력과 경영 및 영업 능력
• 쾌활하면서 행동력이 있고 낙관주의
• 이윤추구나 조직의 목표에 집중하는 능력</td></tr>
<tr><td rowspan="2">가치/목표</td><td>상대적으로 높음</td><td>• 금전적 성취와 물질적 소유 추구
• 사회 · 정치 영역에서의 인정, 권력 추구
• 사회적 지위, 사교성을 중요시함
• 논쟁을 좋아하고, 모험적이고 위험을 감내함</td></tr>
<tr><td>낮음</td><td>• 개별활동, 실내활동</td></tr>
<tr><td>선호 활동</td><td colspan="2">• 다른 사람을 이끌거나 설득하는 지도자 역할을 선호함
• 아이디어를 나누며 토론하여 결정 내리는 활동
• 정치적 활동이나 집회, 조직에 참석하는 활동
• 유쾌하고 사교적인 활동: 스포츠 행사 참여 또는 관람</td></tr>
<tr><td>회피 활동</td><td colspan="2">• 과학적, 지적, 추상적 주제를 다루는 활동
• 관찰적, 상징적, 체계적인 활동</td></tr>
<tr><td>직업 활동</td><td colspan="2">• 판매하고 구입하는 업무, 고객 접대하는 업무
• 정치적 모의 활동, 연설, 회담 활동
• 위원회나 단체, 조직, 회사를 이끄는 활동
• 사람과 사업을 관리하고, 타인을 선도, 통제하는 업무
• 위신과 인정을 얻을 수 있는 활동</td></tr>
<tr><td>전공 계열</td><td colspan="2">• 상경, 법정, 사회, 행정, 정치</td></tr>
<tr><td>선호 직업</td><td colspan="2">• 기업가(CEO), 정치가, 변호사, 판매 및 영업사원, 언론인, 보험회사원, 관리자, 연출가, 광고대행업자, 여행사 직원, 부동산 중개사, 판매 책임자, 항공기 승무원, 상점 지배인, 경매업자, 호텔 지배인 등</td></tr>
</table>

관습형(C)

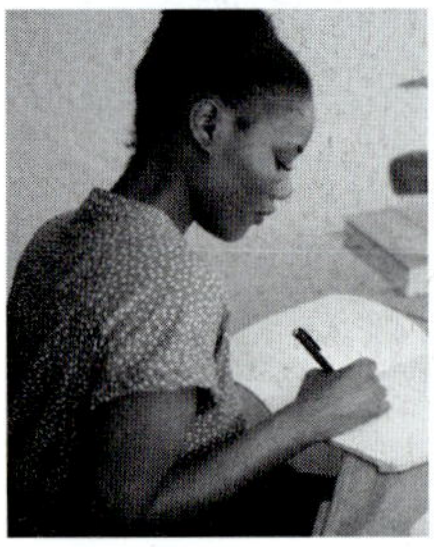

- 잘 짜여진 계획대로 일하고 세밀하며 꼼꼼함
- 일에 능숙하고 정확하며 수리적 과제를 잘함
- 원칙과 계획에 따라 자료를 기록, 정리, 조직하는 일을 선호함
- 체계적인 작업환경에서 사무적 · 계산적 능력을 발휘하고 조직하는 활동을 선호함
- 사무기기, 통제관리, 재고관리 등의 활동에 유능함
- 직업가치: 직업적 안정감, 통제감과 성취를 중요시함

<table>
<tr><th>구분</th><th colspan="2">관습형</th></tr>
<tr><td>대표적인 성격 묘사</td><td colspan="2">• 신중한, 끈질긴, 체계적, 검소한, 양심적, 순응적, 복종적, 경직된, 완고한, 주의 깊음, 방어적, 유순한, 효율적, 질서정연</td></tr>
<tr><td>적성/
잠재 능력</td><td colspan="2">• 비즈니스 실무 능력
– 사무적이며 계산적이고 섬세한 업무 처리 능력
– 효율성 제고 능력, 조직 능력
• 시스템 및 자료 관리 능력</td></tr>
<tr><td rowspan="2">가치/목표</td><td>상대적으로 높음</td><td>• 책임감, 질서와 사회적 관습 중시
• 성실함과 인내심, 실용성과 정확함, 완벽주의
• 돈과 물건의 소유에 신중함</td></tr>
<tr><td>낮음</td><td>• 변화지향, 지적 추구, 영향력 발휘</td></tr>
<tr><td>선호 활동</td><td colspan="2">• 수를 다루거나 자료를 정리하는 등의 체계적이며 조직적인 활동
• 규칙을 만들거나 정확한 절차를 따르는 활동
• 저축하고 정리정돈하는 활동
• 수집하고 모형을 만드는 활동(우표/동전/인형집/전기자동차 등)
• 시민적이고 우애적인 조직 내에서의 활동</td></tr>
<tr><td>회피 활동</td><td colspan="2">• 명확하지 않고 모호한 과제나 활동
• 자유스럽고 탐색적이며 체계적이지 않은 활동
• 창의적이고 자율적이며 모험적인 활동</td></tr>
<tr><td>직업 활동</td><td colspan="2">• 정해진 원칙과 계획에 따라 자료를 정리하고 조직하는 활동
• 재정분석을 수행하거나 사무 기계를 작동하는 활동
• 사무진행 과정을 조직하고 재정장부를 정리하는 활동
• 보고서를 작성하고 차트와 그래프를 만드는 업무</td></tr>
<tr><td>전공 계열</td><td colspan="2">• 법정, 상경, 행정, 회계, 문헌정보</td></tr>
<tr><td>선호 직업</td><td colspan="2">• 사서, 은행원, 경리사원, 법무사, 감사원, 공인회계사, 부기사, 의료기록인, 신용관리사, 행정 비서, 보험계리사, 법정서기 등</td></tr>
</table>

3) 직업선호도검사

개인의 직업이나 진로선택을 돕기 위해 구직자들의 직업흥미, 성격 등을 측정하는 검사로서 자신의 현재 모습을 정확하게 평가하고 미래에 스스로 만족하거나 성공할 수 있는 직업을 탐색하고 선택하는 데 도움을 주고자 개발된 검사이다. 이 검사는 노동부 사이트 워크넷(http://www.go.kr)에서 회원 가입을 하면 무료로 검사할 수 있으며 S형과 L형의 2가지가 있다.

(1) 직업선호도검사 S형

직업선호도검사 S형은 성인이 좋아하는 활동, 관심 있는 직업, 선호하는 분야를 탐색하여 직업흥미에 대해 탐색해 볼 수 있는 기회를 제공해 준다. 만 18세 이상의 성인이면 누구나 검사가 가능하며 활동, 유능성, 직업, 선호분야, 일반성향과 같은 5개의 하위 영역을 평가하여 6개의 흥미 유형의 특성을 제공한다. 검사 실시 소요시간은 약 25분이다.

〈표 2-1〉 직업선호도검사 S형 하위 요인

하위 검사: 흥미 검사	
측정 요인	요인 설명
현실성	분명하고 질서정연하고 체계적인 활동을 좋아하며 기계를 조작하는 활동 및 기술을 선호하는 흥미유형
탐구형	관찰적, 상징적, 체계적이며 물리적, 생물학적, 문화적 현상의 창조적인 탐구활동을 선호하는 흥미유형
예술형	예술적 창조와 표현, 변화와 다양성을 선호하고 틀에 박힌 활동을 싫어하며 자유롭고, 상징적인 활동을 선호하는 흥미유형
사회형	타인의 문제를 듣고, 이해하고, 도와주고, 치료해 주는 활동을 선호하는 흥미유형
진취형	조직의 목적과 경제적 이익을 얻기 위해 타인을 지도, 계획, 통제, 관리하는 일과 그 결과로 얻게 되는 명예, 인정, 권위를 선호하는 흥미유형
관습형	정해진 원칙과 계획에 따라 자료를 기록, 정리, 조작하는 활동을 좋아하고 사무능력, 계산능력을 발휘하는 것을 선호하는 흥미유형

출처: 워크넷(http://www.work.go.kr).

① 검사 결과에 대한 이해

흥미검사는 유형별로 원점수와 표준점수를 사용한다. 원점수는 점수 전환 이전의 기초 점수로서 개인적으로 어느 유형에 가까운지 파악하는 데 도움이 되고, 표준점수는 타인과의 비교를 위해 원점수를 해석하기 편하게 전환한 점수로서 자신의 상대적 위치를 파악하는 데 도움이 된다.

표준점수	40점 이하	41 ~ 59점	60점 이상
백분점수	16점 이하	17 ~ 83점	84점 이상
점수의미	대체로 낮은 점수	중간점수	대체로 높은 점수

② 결과 예시

다음은 흥미 유형별 점수이다.

나의 흥미코드: (EA)						
구분	현실형(R)	탐구형(I)	예술형(A)	사회형(S)	진취형(E)	관습형(C)
원점수	4	12	27	23	28	5
표준점수	41	58	71	59	75	35

원점수에서 예술형과 진취형이 가장 높고, 상대적인 분포인 표준점수에서도 진취형이 더 높기 때문에 최종 흥미코드는 EA(진취형/예술형)로 나와 있다. 두 영역 모두 표준점수가 60점 이상이므로 높은 흥미를 가지고 있는 것으로 볼 수 있으므로 이 영역에 포함된 직업을 탐색해 보는 것이 좋을 수 있다.

흥미코드 EA에 해당되는 적합 직업	
대졸 (전문대졸 포함)	패션코디네이터[기타 영화, 연극 및 방송 관련 기술직], 인테리어 디자이너[인테리어 디자이너], 쇼핑 호스트[아나운서 및 리포터], 변리사

(2) 직업선호도검사 L형

직업선호도검사 L형은 성인의 직업흥미뿐만 아니라, 일반성격, 생활경험을 측정하여 피검자 자신의 모습을 자세하게 탐색해 볼 수 있는 기회를 제공해 준다. 만 18세 이상의 성인이면 누구나 검사가 가능하며 다양한 분야에 대한 선호도를 측정하는 흥미검사, 일상생활 속에서 나타나는 개인의 성향을 측정하는 성격검사, 과거와 현재의 개인의 생활특성을 측정하는 생활사검사로 구성되어 있어서, 직업선호도검사 S형보다 세분화된 검사로서 소요시간은 약 60분 정도 소요될 수 있다.

L형의 하위 요인은 S형의 흥미 요인 외에, 성격 요인과 생활사 요인이 추가되었으며 간략하게 살펴보면 다음과 같다.

〈표 2-2〉 직업선호도검사 L형 하위 요인

하위 검사: 성격 검사	
측정 요인	요인 설명
외향성	타인과의 상호작용을 원하고 타인의 관심을 끌고자 하는 정도
호감성	타인과 편안하고 조화로운 관계를 유지하는 정도
성실성	사회적 규칙, 규범, 원칙들을 기꺼이 지키려는 정도
정서적 불안정성	정서적으로 얼마나 안정되어 있고 자신이 세상을 얼마나 통제할 수 있으며, 세상을 위협적이지 않다고 생각하는 정도
경험에 대한 개방성	자기 자신을 둘러싼 세계에 대한 관심, 호기심, 다양한 경험에 대한 추구 및 포용력 정도
하위 검사: 생활사 검사	
측정 요인	요인 설명
대인관계 지향	사람들과 어울려 지내는 것을 편안하고 즐겁게 여기는 정도
자존감	자신의 능력, 외모, 인품에 대한 스스로의 평가 정도
독립심	자기문제를 스스로 해결하는 정도
양육환경	성장기 때 가족의 심리적 지지와 관심 정도
야망	자신에게 사회적 부와 명예가 얼마나 중요한지 정도

학업성취	학창시절의 학업성적 정도
예술성	예술적인 자질, 경험 및 관심 정도
운동선호	운동에 관한 선호와 능력 정도
종교성	생활 속에서 종교의 중요성 정도
직무만족	과거 또는 현재의 직무에 대한 만족 정도

출처: 워크넷(http://www.work.go.kr).

워크시트 사례를 통한 홀랜드 유형 알아보기

◈ 주말 친구와 만나기로 했는데 친구가 갑자기 약속을 취소하였을 때 각 흥미 유형별로 어떠한 반응을 보일까요?

내가 생각하는 흥미 유형별 반응을 기록해 보자.

R 현실형 ______________________________

I 탐구형 ______________________________

A 예술형 ______________________________

S 사회형 ______________________________

E 진취형 ______________________________

C 관습형 ______________________________

다음은 가능한 흥미 유형별 반응 예시입니다.

R 현실형	밖에 나가서 혼자 운동을 하거나 등산을 간다.
I 탐구형	책을 보거나 왜 약속을 갑자기 취소했는지 논리적 설명을 요구한다.
A 예술형	연극, 영화를 보거나 쇼핑 등 엔터테인먼트를 즐기러 간다.
S 사회형	다른 친구에게 연락해서 카페에서 만나 대화를 한다.
E 진취형	가족들과 하루를 어떻게 보낼지 주도적으로 의논하고 결정한다.
C 관습형	다이어리에 다음 약속이나 다음 주 일정에 대해 꼼꼼히 메모한다.

워크시트 홀랜드 검사 또는 직업선호도검사 결과로 흥미 탐색하기

◈ 흥미 유형별 점수는 어떠한가?

나의 흥미코드: ( )						
구분	현실형(R)	탐구형(I)	예술형(A)	사회형(S)	진취형(E)	관습형(C)
원점수						

◈ 자신의 흥미 육각모형은 어떠한가? 검사 결과를 바탕으로 직접 그려보자.

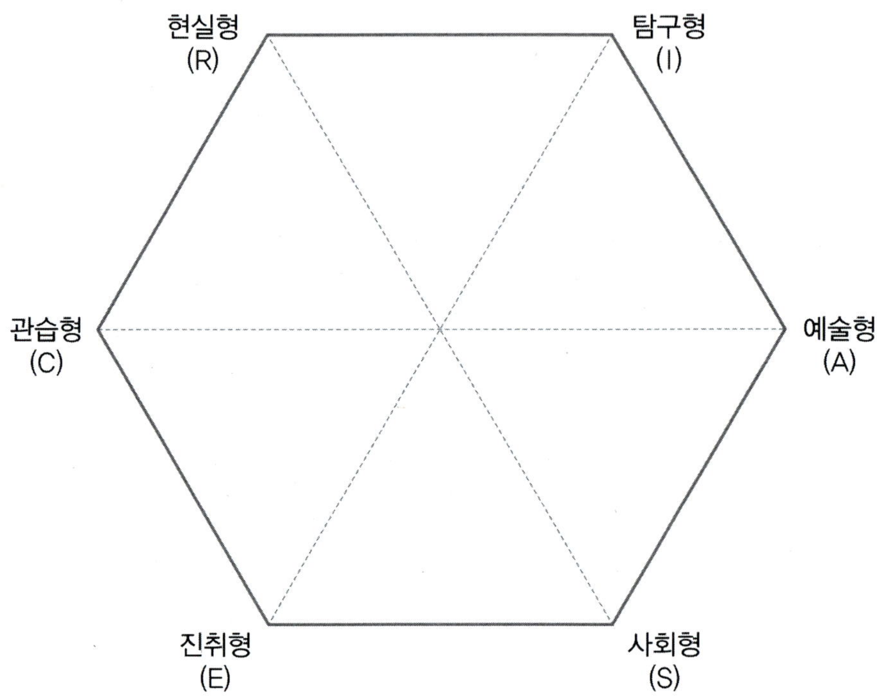

◉ 검사 결과:

◉ 검사 결과를 통한 나의 특성 요약:

◉ 나에게 적합한 직업:

◉ 적합한 직업을 선호 직업과 비선호 직업으로 구분

- 선호 직업

- 비선호 직업

◉ 선호 직업 관련 학과

◈ 자신의 흥미를 탐색해 본 소감은 어떠한가?

워크시트

직업선호도검사 결과로 흥미 탐색하기

◈ 검사 결과에 따라 다음 표를 완성해 본다.

구분	직업선호도검사 결과 요약
S형 검사 결과	
L형 검사 결과	
검사를 통해 나에 대해 새롭게 알게 된 사실	

Chapter 03

가치관

03
Chapter

가치관

학습목표

1. 가치관의 개념과 중요성에 대해 살펴본다.
2. 자신의 직업가치관에 대해 구체적으로 진단, 확인해 본다.
2. 자신의 직업가치관에 적합한 직업 환경에 대해 알아본다.

1. 가치관에 대한 이해

1) 가치관의 중요성

가치관이란 '인간이 자기를 포함한 세계나 그 속의 어떤 대상에 대하여 가지는 평가의 근본적 태도나 관점(觀點)'으로, '나는 어떻게 살 것인가? 무엇을 기준으로 삼아 세상과 맞서면서 살 것인가?' 등을 결정해 주는 인생의 좌표이자 기준이면서 더 나아가 자신의 정체성을 결정지을 수 있다.

이러한 가치관은 어린 시절부터 접촉했던 사람들에 의해 장기간에 걸쳐 형성된 신념으로, 특정 상황에서 어떤 것을 선택해야 하거나 결정해야 할 때 중요한 영향을 미치게 함으로써 삶의 방향성이나 생활 방식을 이끌어 내기도 한다. 사람의 행동과 목표를 결정하게 하고 삶의 만족감과 의미 부여할 수 있는 포인트에 영향을 주며 삶의 평가 기준을 마련하고 공동의식 형성에도 중요한 영향을 미친다.

또한 가치관은 현실을 살아가면서 끊임없이 충돌하게 되는데, 보통 두 가지 가치를 지향하며 살게 된다고 한다. 그 하나가 외면적 가치로서, 금전, 권력, 지위, 명예, 향락 등을 포함하고, 다른 하나는 내면적 가치로서 인격, 지식, 예술, 자유, 우정, 정의 등을 포함한다.

▣ 나의 가치관 찾아보기

① 혼자 무인도로 떠난다고 할 때 반드시 가져가고 싶은 것을 중요 순위대로 기록해 보자.

(외적, 물질적인 것뿐만 아니라 내적, 정신적인 것도 포함할 수 있음)

순위	반드시 가져가고 싶은 것	이유는?
1		
2		
3		
4		
5		

→ 반드시 가지고 가고 싶은 것들의 공통점이 있는지 찾아보고, 있다면 정리해 보자.

공통점	
알게 된 나에게 중요한 가치 정리	

② 지난 일주일 동안 시간과 돈의 사용처에 대해 기록해 본 후 순위별로 다시 정리해 보자.

시간 사용처	
돈 사용처	

순위	시간 사용처	돈의 사용처
1		
2		
3		
4		
5		

➜ 가족에게 시간과 돈을 가장 많이 소비한 사람은 가치가 가족에 있으며, 공부나 연구에 시간과 돈을 가장 많이 소비한 사람은 학문이 중요한 가치일 수 있다. 자신이 소비한 시간과 돈의 사용처의 공통점를 분석해 보고 나에게 중요한 가치에 대해 생각해 보자.

공통점	
알게 된 나에게 중요한 가치 정리	

2) 직업가치관에 대한 이해

직업은 단순히 돈을 벌어서 의식주를 해결하기 위한 경제적 목적만 있는 것이 아니라, 더 나아가 자아정체성을 발현하고자 하는 욕구를 충족시키는 과정이기도 하다. 자신에게 맞는 직업을 통해 능력을 발휘하고 사회적으로 인정을 받고 자아성취감을 얻을 수 있으며, 조직 내에서의 넓은 인간관계를 통해 삶의 만족감과 행복감을 끌어올릴 수도 있다.

이러한 직업을 선택함에 있어서 무엇을 기준으로 삼을지는 중요한 문제이다. 경제적인 부분이 중요한지, 안정성이나 지위, 명예가 중요한지, 또는 내가 하고자 하는 것을 이루고자 하는 자아실현이 중요한지는 사람마다 다를 수 있다. 따라서 특정 직업 선택에 있어서 개인이 직업 또는 직업활동에 대해 일반적으로 가지고 있는 가치관이 중요할 수 있다. 즉, 직업을 통해 무엇을 성취하고 무엇을 실현하고자 하는 것인지, 직업이 나에게 어떤 가치가 있는지에 대한 관념이 바로 직업가치관이라고 할 수 있다.

이러한 직업가치관 역시 일의 특성이나 보상에 따라 내적 가치관과 외적 가치관으로 나눌 수 있다. 내적 가치관은 심미성, 자율성, 창의성 등 활동 그 자체와 연관되며 일 자체의 내용과 연관된 것들을 중요하게 생각하는 것이다. 따라서 일의 내용이 자신이 하고자 하는 것인지, 스스로 선택하며 자율적으로 할 수 있는지 등이 중요한 경우 내적 가치관이 직업 결정에 있어서 중요한 기준이 될 수 있다. 반면, 외적 가치관은 금전적 보상, 명성, 지위, 후생복지 등 직업의 일에 따르는 조건을 중요시한다고 볼 수 있다. 결국 직업가치관은 일에 대한 가치 기준이면서 자신의 태도가 될 수 있으므로, 자신의 가치관에 따라 직업을 선택하는 것이 아주 중요할 수 있다. 내적 가치관과 외적 가치관을 구체적으로 구분해 보면 다음과 같다.

	직업가치
내적	자아실현, 일에 대한 자기 흥미, 자기 능력, 자율성, 사회 헌신, 인간 중심성, 이상주의, 흥미, 성취감, 창의성, 심미성, 지적 자극, 기여, 경영관리, 만족감, 자기훈련, 자아발견, 직업흥미,
외적	물질적 보상, 조건, 권력 추구, 경제 우선, 개인주의, 사회인식 중시, 안정 추구, 협동성, 경제적 보수, 독립성, 명예심, 감독과의 관계, 환경 조건, 다양성, 임금, 생활방식, 경제적 독립, 직무여건, 대인관계, 사회적 지위, 후생복지 등

이와 같은 다양한 직업가치관에 따라 적합한 직업을 탐색해 볼 수 있는데, 다음은 위의 가치관 중 일부에 대해 적합한 직업의 예를 제시한 것이다.

가치관	해당 직업
보수	변호사, 약사, 운동선수, 법무사, 의사, 항공기 전문가, 선박기관사, 항공교통 관제사, 공인회계사 등
독립성	의사, 교수, 여행 안내원, 작가, 변호사, 화가, 만화가, 디자이너, 사진사, 항공 및 비행기 전문가, 농·목축업 종사자 등
안정 추구	공무원, 회계사, 세무사, 은행원, 교사, 영양사, 감정평가사, 행정관료, 군인, 부동산 중개사, 사서 등

가치관	해당 직업
미래전망	컴퓨터 프로그래머, 펀드매니저, 재산 및 상해보험사정인, 힐링 케어, 헬스 트레이너, 컴퓨터 시스템 분석가, 심리상담전문가
자기능력	운동선수, 건축설계사, 전문 컨설턴트, 경찰관, 정보사업 종사자, 분장사, 메이크업아티스트, 촬영기사, 보험설계사, 방송인, 유튜버 등
사회헌신	교사, 간호사, 소방관, 상담사, 수의사, 미용사, 운전사, 사서, 장례지도사, 특수학교 교사, 호텔 종사원, 경찰관, 군인 등
대인관계	교사, 세트디자이너, 운동감독 및 코치, 생활체육 지도사, 안경사, 판매원, 보육교사, 항해사, 보험 손해사정인
명예	판사, 검사, 대학교수, 종교인, 가수, 작가, 전문문화 계승자, 군인, 경찰관 등

2. 직업가치관 검사를 통한 진로탐색

앞에서 언급한 바와 같이, 직업은 신중하게 선택해야 하고, 특히 자신의 특성을 잘 분석하여 자신에게 맞는 직업을 선택해야 하는데, 직업가치관 검사가 도움이 될 수 있다.

1) 직업가치관 검사

직업가치관 검사로는 고용노동부 산하의 고용정보원에서 개발한 직업가치관 검사가 있는데, 이 검사는 15세의 청소년부터 만 50세의 성인을 대상으로 실시할 수 있다. 고용노동부 홈페이지 워크넷(www.work.go.kr)에서 이용할 수 있으며 결과로 제시되는 직업정보는 한국고용정보원에서 제공하는 직업정보와 연결되어 있기 때문에 검사를 실시한 다음 상세한 직업정보를 탐색할 수도 있어서 유용하게 사용할 수 있다. 13개의 하위 척도로 구성되어 있으며, 척도별 6문항씩 총 78문항으로 구성되어 있고 약 20분 정도 소요된다. 13개 하위 척도와 각 척도의 가치 정의는 다음과 같다.

〈표 3-1〉 직업가치관의 하위 척도

하위 척도	가치 정의
성취	스스로 달성하기 어려운 목표를 세우고 이를 달성하여 성취감을 맛보는 것을 중시하는 가치 – 학습에 의해서 후천적으로 습득하는 능력을 말하며 지식이나 기능을 포함하는 개념이다.
봉사	자신의 이익보다는 사회의 이익을 고려하여, 어려운 사람을 돕고 남을 위해 봉사하는 것을 중시하는 가치 – 국가나 사회 또는 타인을 위하여 자신의 힘과 노력을 바치는 것을 말한다.
개별 활동	여러 사람과 어울려 말하기보다 자신만의 시간과 공간을 가지고 혼자 일하는 것을 중시하는 가치 – 어떤 일의 성과를 이루기 위해 개인적으로 행동하는 것을 말한다.
직업 안정	해고나 조기 퇴직의 걱정 없이 오랫동안 안정적으로 일하며 안정적인 수입을 중시하는 가치 – 직업을 선택할 때 있어서 자신의 몸과 마음의 편안함을 선호하는 것을 말한다.
변화 지향	일이 반복적이거나 정형화되어 있지 않으며 다양하고 새로운 것을 경험할 수 있는지를 중시하는 가치 – 일과 관련된 활동을 선택함에 있어서 다양한 변화를 선호하는 것을 말한다.
몸과 마음의 여유	건강을 유지할 수 있으며 스트레스를 적게 받고 마음과 몸의 여유를 가질 수 있는 업무나 직업을 중시하는 가치 – 긴박한 삶에서 얻을 수 있는 물질적 여유보다는 조금은 부족하더라도 자신의 몸과 마음의 여유를 선호하는 것을 말한다.
영향력 발휘	타인에게 영향력을 행사하고 일을 자신의 뜻대로 집행할 수 있는지를 중시하는 가치 – 경제력을 수반하지 않고 자신이 원하는 대로 다른 사람의 행동을 조절할 수 있는 힘 또는 권력을 말한다.
지식 추구	일에서 새로운 지식과 기술을 얻을 수 있고 새로운 지식을 발견할 수 있는지를 중시하는 가치 – 지식을 배우고 습득함으로써 자신의 발전을 추구하는 것을 말한다.

하위 척도	가치 정의
애국	국가의 장래나 발전을 위하여 기여하는 것을 중시하는 가치 – 나라의 구성원으로서 개인의 희생을 감수하고 나라의 발전을 먼저 생각하는 것을 말한다.
자율	자신이 정한 원칙에 따라 자율적으로 업무를 해 나가는 것을 중시하는 가치 – 남의 지배나 통제를 받거나 남의 명령에 의해 움직이기보다 스스로 판단하여 일하는 것을 말한다.
금전적 보상	생활하는 데 경제적인 어려움이 없으며 돈을 많이 벌 수 있는지를 중시하는 가치 – 특정한 일에 대하여 주어지는 대가 중 금전적 보상을 가장 선호하는 것을 말한다.
인정	자신의 일이 다른 사람들로부터 인정받고 존경받을 수 있는지를 중시하는 가치 – 인간의 마음속에 가지고 있는 감정 중 타인으로부터 인정받고 싶은 욕구를 말한다.
실내활동	주로 사무실에서 일을 하며 신체활동을 적게 요구하는 업무나 작업을 중시하는 가치 – 신체활동을 수반하는 실외활동보다는 정적인 실내활동을 선호하는 것을 말한다.

출처: 워크넷(http://www.work.go.kr).

2) 직업가치관 검사 결과에 대한 이해

직업가치관 검사의 13개 하위 척도에서 높은 점수를 받은 사람들의 기본적인 특성과 추천 직업은 다음과 같다.

구분	기본적 특성	추천직업
성취	• 하고자 하는 일에 대한 목적이 분명하고, 목적을 위해 목표를 세워 실행해 나감 • 도전적이고 진취적이고 경쟁적인 편 • 늘 새로운 과제에 부딪혀 도전하고 이루어 내거나 과제를 극복할 때 기쁨과 보람을 느낌	대학교수, 연구원, 프로 운동선수, 학자, 관리자 등

구분	기본적 특성	추천직업
봉사	• 마음이 따뜻하고 희생정신이 있고 동정심이 많음 • 적극적이고 정의감이 있으며 남을 위한 활동을 추구함 • 생계수단일 뿐만 아니라 주변 사람들을 도와줄 수 있는 일에서 큰 보람을 느낌	판사, 소방관, 경찰관, 성직자, 사회복지사 등
개별 활동	• 여러 사람과 어울려 일하기보다는 혼자 일하는 것을 중시함 • 다른 사람의 간섭을 받는 것을 싫어하고 자신도 다른 사람을 간섭하는 것을 좋아하지 않음 • 집중력을 요구하는 일이나 아이디어를 요구하는 직업을 선호하며 혼자만의 시간을 가지면서 일하는 것을 좋아함 • 대체로 조용하고 온순한 편이지만 경우에 따라 고집이 있고 개성이 강해 보일 수 있음	디자이너, 화가, 운전사, 교수, 연구자, 과학자, 예술가
직업 안정	• 하나의 전문적 기술을 가지고 오랫동안 꾸준히 일할 수 있는 환경을 좋아함 • 반복적인 일이나 익숙한 일을 하기를 원함 • 새로운 과제에 도전하는 것을 좋아하지 않고 평소에 해 왔던 익숙한 방식이나 체계대로 일하는 것을 선호함 • 믿음직스러우며 성실하고 인내심이 많고 차분한 편임	연주가, 미용사, 변호사, 기술자 약사, 공무원, 교사 등
변화 지향	• 일상적인 업무보다는 늘 새로운 일을 선호함 • 새로운 아이디어를 필요로 하는 일이나 새로운 사람을 많이 만나게 되는 일을 추구함 • 대체로 밝고 활달하며 사람들과 만나 이야기하는 것을 좋아하고 늘 에너지가 넘침 • 같은 일을 하더라도 자기만의 방식으로 풀어 보려는 연구자적 기질이 있음	연구원, 컨설턴트, 소프트웨어개발자, 광고홍보전문가, 메이크업 아티스트
몸과 마음의 여유	• 마음과 신체적인 여유 등 자신만의 여가시간을 갖거나 충분한 휴식이 가능한 직업을 중시함 • 규칙적인 일을 통해 자기 시간을 원하거나 자율적인 일정 관리가 가능한 직업을 선호함 • 일만큼이나 개인생활을 중시함	레크리에이션 진행자, 대학교수, 화가, 교사, 조경기술자
영향력 발휘	• 주도하기를 좋아하고 자기주장이 강하며 도전적임 • 타인과 교류하는 것을 좋아하고 영향력을 발휘하거나 인정받고자 하는 욕구가 높음 • 타인이 자신의 의견이나 생각을 잘 따르기를 바람	성직자, 변호사, 감독, 코치, 관리자, 최고경영자

구분	기본적 특성	추천직업
지식 추구	• 늘 새로운 것에 관심이 많고 궁금증이 많음 • 책이나 인터넷 등을 통해 다양한 현상에 대한 지식을 추구함 • 일을 통한 다양한 지식 획득에 보람을 느낌	판사, 연구원, 경영 컨설턴트, 소프트웨어개발자, 디자이너
애국	• 개인의 이익보다 사회 더 나아가 국가의 이익을 중시함 • 타인을 위한 희생정신과 국가를 위한 일에 대한 사명감이 높은 편임 • 규범적이며 책임감이 강하고 소신이 명확함	군인, 경찰관, 사회단체활동가, 검사, 소방관, 국회의원
자율성	• 간섭받는 것을 싫어하고 의사결정 권한도 자신이 갖는 것을 좋아함 • 시키지 않아도 스스로 계획을 수립하고 수행하며 자신을 통제할 수 있는 능력이 있음 • 협력을 통해 일하는 것은 괜찮지만 명령이나 지시에 따라 일해야 하는 직업은 좋아하지 않음	연구원, 예술가, 영업사원, 여행가, 광고전문가, 자동차 영업원
금전적 보상	• 일에 대한 정당한 대가로 금전적 보상을 중요시함 • 대체로 성실하고 열심히 일하는 편임 • 쾌활하고 열정적이며 에너지가 넘치고 도전적임	프로운동선수, 증권 및 투자 중개인, 공인회계사, 금융자산운용가, 기업 고위임원
인정	• 사회적 명예를 얻거나 사람들로부터 인기를 얻을 수 있는 직업을 선호함 • 타인의 주목을 받는 일에 의미를 두는 경우가 많음 • 대체로 다른 사람 앞에 서는 것에 대해 어려움이 없음 • 자기 일에 전문적 능력을 쌓아 인정받기 원함	항공기 조종사, 교수, 운동선수, 연주자, 판사, 예술가
실내활동	• 조용하고 차분하며 편안하고 성실한 편임 • 신체를 움직여 활동하는 일보다 앉아서 할 수 있는 일을 선호함 • 외부 활동을 상대적으로 덜 좋아함	번역가, 관리자, 상담원, 연구원, 법무사

3) 직업가치관검사 결과 예시

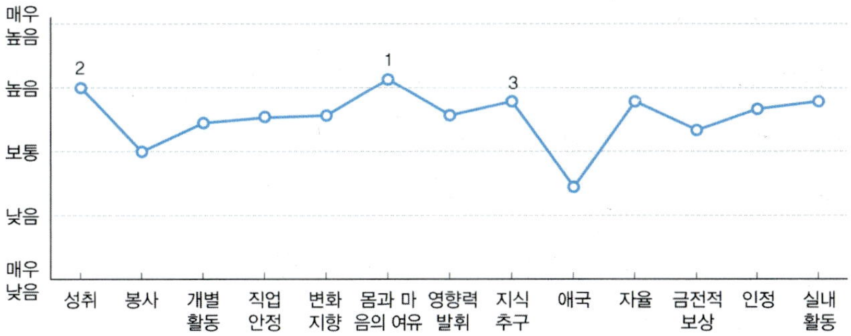

검사결과 요약

- 당신이 생각하는 가장 높은 직업가치는 몸과 마음의 여유, 성취, 지식추구이고, 가장 낮은 가치는 애국, 봉사, 금전적 보상입니다.
- 당신에게 적합한 직업
  0102.경영지원 관리자 / 0208.광고 및 홍보 전문가 / 0209.마케팅 및 여론조사 전문가
  0407.예능계 학원 강사 / 0411.생명과학 연구원 / 0615.치과기공사 / 0805.화가
  0807.연주가 / 0818.제품디자이너 / 0820.패션디자이너 / 1004.의약영업원
  1404.조경기술자 / 1602.통신공학 기술자 / 1604.시스템소프트웨어 개발자
  1605.응용소프트웨어 개발자
- 추천직업: 0807.연주가, 1604.시스템소프트웨어 개발자

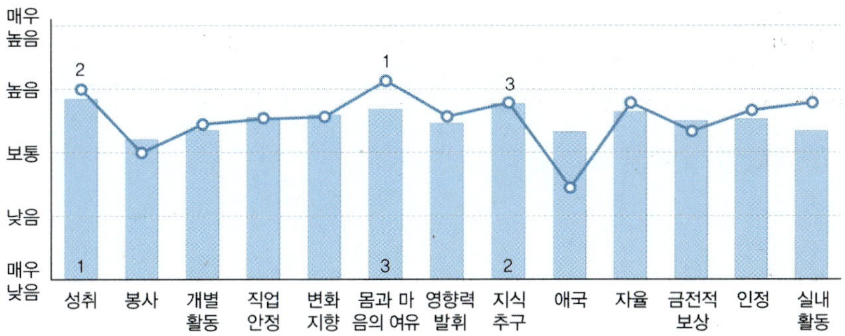

[시스템소프트웨어 개발자]가 중요시하는 가치관과 자신의 가치관 매칭 그래프

3. 욕구와 가치관

직업가치관은 사람의 욕구를 채우기 위한 수단으로 결정되기도 한다. 예를 들어, 자유의 욕구가 있는 사람은 직업을 선택할 때 자율성, 독립성 직업가치관을 기반으로 결정하게 되기 때문이다. 따라서 자신의 욕구를 파악하는 것 역시 직업 가치관 확인에 도움이 될 수 있다. 다양한 욕구이론이 있는데, 글래서(Glasser)의 욕구이론을 바탕으로 자신의 욕구에 대해 살펴보도록 하자.

1) 글래서의 욕구 이론

사람의 뇌는 크기도 작고 의식기능이 없는 구뇌와 크고 의식기능이 활발한 신뇌로 구성되어 있는데, 이 구뇌와 신뇌는 지속적으로 상호교류한다. 신뇌에는 4개의 심리학적이고 정신적인 욕구인 소속의 욕구, 힘의 욕구, 자유의 욕구, 즐거움의 욕구가 있고 구뇌에는 생존욕구가 있으며 이 욕구들을 바탕으로 개인 행동이 유발된다.

(1) 생존의 욕구

살고자 하는 욕구로서, 신체 구조를 움직이고 건강하게 유지하도록 하는 중요한 과업을 수행하는 욕구이다. 이 욕구가 제대로 채워져야 복잡하고 충족되기 어려운 신뇌의 욕구들이 충족될 수 있다.

(2) 소속의 욕구

생존 욕구와 같이 절박하지는 않지만 보통 사람이 살아가는 데 원동력이 되는 기본 욕구로서, 사랑과 우정을 나누고 돌봄을 받으며 관심을 주고 서로 협력하고자 하는 욕구이다. 이 욕구로 인해 가족을 이루고 조직에 들어가며 동료들과 유기적 관계를 유지하려고 노력하게 된다.

(3) 힘의 욕구

사회적인 지위와 명성, 부를 축적하고 직장에서의 승진과 같은 권력과 인정을 중요시하는 욕구이다. 이 욕구로 인해 경쟁하고 성취하며 기술과 능력을 갖추고자 노력하게 만든다. 소속의 욕구로 인해 결혼도 하고 회사에 들어가지만 힘의 욕구를 채우고자 서로 통제하려고 할 수 있다.

(4) 자유의 욕구

삶의 여러 영역에서 스스로 삶의 방식을 선택하고 자신의 의사를 마음대로 표현하고자 하는 욕구로서, 이 욕구로 인해 독립성과 자율성을 보장받고자 노력하게 된다.

(5) 즐거움의 욕구

새로운 것을 배우고 다양한 놀이를 통해 즐기고자 하는 욕구로서, 단순한 놀이뿐만 아니라 스릴 넘치는 경험을 하고 새로운 것을 학습하면서 즐기고자 한다. 때로는 이러한 배움에 대한 즐거움의 욕구로 동료나 가족들과의 소속 욕구를 포기하는 경우도 있다.

앞의 욕구들은 한 번에 한 가지만 적용되는 것이 아니라 여러 욕구가 동시에 적용되어야 하는 경우가 발생하므로, 끊임없는 갈등 상황에서 우선순위를 결정해야 한다.

2) 글래서의 욕구검사

다음은 글래서의 욕구검사이다. 각자 질문을 읽고 해당되는 정도에 따라 점수를 매겨 보도록 하자.

▣ 글래서 욕구검사

다음 질문을 읽고 해당되는 정도에 따라 번호에 ∨표시를 매겨 보자.

항목	①	②	③	④	⑤
1. 생존 욕구					
돈이나 물건을 절약한다.					
돈으로 살 수 있는 것에 각별한 만족을 느낀다.					
자신의 건강 유지에 관심이 있다.					
균형 잡힌 식생활을 하려고 노력한다.					
성(性)에 대한 관심이 있다.					
매사에 보수적인 편이다.					
안정된 미래를 위해 저축하거나 투자한다.					
부득이한 경우가 아니면 모험을 피하고 싶다.					
외모를 단정하게 가꾸는 데 관심이 있다.					
쓸 수 있는 물건을 버리지 않고 간직한다.					
합계					
2. 사랑과 소속의 욕구					
나는 사랑과 친근감을 많이 필요로 한다.					
다른 사람의 복지에 관심이 있다.					
타인을 위한 일에 시간을 낸다.					
장거리 여행 때 옆자리의 사람에게 말을 거는 편이다.					
사람들과 함께 있는 것을 좋아한다.					
아는 사람과는 가깝고 친밀하게 지낸다.					

가족이나 가까운 친구가 내게 관심을 가져 주길 바란다.					
다른 사람이 나를 좋아해 주길 바란다.					
다른 사람들에게 친절하게 대한다.					
가족이나 가까운 친구가 나의 모든 것을 좋아해 주길 바란다.					
합계					
3. 힘과 성취의 욕구					
내가 하는 일이나 작업에 대해 사람들로부터 인정받고 싶다.					
다른 사람에게 충고나 조언을 잘한다.					
다른 사람에게 무엇을 하라고 잘 지시하는 편이다.					
경제적으로 남보다 잘살고 싶다.					
사람들에게 칭찬 듣는 것을 좋아한다.					
내 밑에서 일하는 사람이 문제가 있다면 쉽게 해고할 수 있다.					
내 분야에서 탁월한 사람이 되고 싶다.					
어떤 집단에서든 지도자가 되고 싶다.					
자신을 가치 있는 인간이라고 느낀다.					
내 성취와 재능을 자랑스럽게 여긴다.					
합계					
4. 자유의 욕구					
사람들이 내게 어떻게 하라고 지시하는 것이 싫다.					
내가 원하지 않는 일을 하라고 하면 참기 어렵다.					
다른 사람에게 어떻게 살아야 한다고 강요하면 안 된다고 믿는다.					
누구나 다 인생을 살고 싶은 대로 살 권리가 있다고 믿는다.					
인간의 자유로운 선택능력을 믿는다.					
내가 하고 싶은 일을 하고 싶을 때 하고 싶다.					
누가 뭐라고 해도 내 방식대로 살고 싶다.					
인간은 모두 자유롭다고 믿는다.					
가족이나 가까운 친구의 자유를 구속하고 싶은 생각이 없다.					
나는 열린 마음을 지니고 있다고 믿는다.					
합계					

5. 즐거움의 욕구					
큰 소리로 웃기 좋아한다.					
유머를 사용하거나 듣는 것이 즐겁다.					
나 자신에 대해서도 웃을 때가 있다.					
뭐든지 유익하고 새로운 것을 배우는 것이 즐겁다.					
흥미 있는 게임이나 놀이를 좋아한다.					
여행하기를 좋아한다.					
독서하기를 좋아한다.					
영화 관람을 좋아한다.					
음악 감상을 좋아한다.					
새로운 방식으로 일하거나 생각해 보는 것이 즐겁다.					
합계					

* ① 전혀 그렇지 않다. ② 별로 그렇지 않다. ③ 때때로 그렇다. ④ 자주 그렇다. ⑤ 언제나 그렇다.

구분	생존 욕구	사랑, 소속 욕구	힘, 성취 욕구	자유 욕구	즐거움 욕구
점수 합계					
순위 매기기					

나의 욕구	
알게 된 나의 욕구에 대한 정리 (느낀 점)	

워크시트 내가 가장 중요하게 생각하는 가치관 탐색하기

◈ 〈보기〉에 나열된 가치관 중에서 내가 가장 중요하게 생각하는 가치관을 선택하고 관련된 경험을 기록해 보자(보기에 없을 경우 직접 작성하도록 함).

〈보기〉 겸손, 정직, 인내, 검소, 융통성, 여유 있는 생활, 자유로운 생활, 변화 추구, 타인에게 도움을 주는 것, 화목한 가정, 건강, 원만한 인간관계, 더불어 사는 삶, 우정, 지식 추구, 경제적인 부, 효, 안정적인 직업, 성취감, 타인으로부터 인정받는 것

가치관	
위의 가치관을 갖게 된 경험 (초 · 중 · 고 경험)	
위의 경험을 통해 느낀 점	
위의 가치관이 사용되었던 최근의 경험	
나의 가치관 탐색에 대해 느낀 점	

워크시트 나의 직업가치관검사 결과

◈ 워크넷의 직업가치관검사를 실시한 후 정리해 보도록 하자.

[직업가치관검사 결과 요약]	
내가 생각하는 가장 높은 직업가치	
나의 직업가치관 요약	
나에게 적합한 직업	
추천 직업	

◈ 직업가치관검사 결과에서 추천 직업과 자신의 희망 직업을 선택해 본 소감은 어떠한가?

Chapter 04

적성

04 Chapter 적성

학습목표

1. 적성에 대해 살펴본다.
2. 자신의 적성에 대해 구체적으로 진단, 확인해 본다.
3. 자신의 적성에 적합한 직업 환경에 대해 알아본다.

1. 적성에 대한 이해

1) 적성의 개념

적성이란 '어떤 일에 대한 알맞은 성질이나 적응능력'을 말하는 것으로, 어떤 일을 수행하는 데 발휘되는 개인의 소질을 말한다. 어떠한 활동이나 작업을 수행하는 데 어느 정도의 능력은 필요하며, 그러한 능력을 직장에서 발휘하게 된다. 결국, 자신이 잘할 수 있는 것이 진로 결정이 큰 도움이 될 수 있다. 직장에서의 직무는 단순히 취미나 재미로 하는 것이 아니며 협력하여 성과로 이어져야 하는 만큼, 자신의 적성에 맞는 직무를 수행할 때 좋은 성과와 좋은 평가가 따라올 수 있다.

적성은 다음과 같이 다양한 개념으로 설명되기도 한다.

- 적성은 특수한 활동에서 성공할 수 있는 여러 가지 특징을 총칭하기도 한다.
- 적성은 여러 가지 직업 또는 활동에 필요한 단일 특질 하나만을 말하기도 한다.
- 적성은 직업 분야에서의 성공과 결부되는데 이것은 적성이 그 직업에서 필요로 하는 여러 가지 기능과 동일한 의미로 사용되는 것이다.
- 적성은 항상적이어서 비교적 변화나 변동이 적다. 따라서 적성이란 것을 기초로 장래의 성공을 예측할 수 있다.
- 적성은 대부분 청년 초기까지 형성되며 그 후의 훈련이나 경험에 의한 변동의 폭은 크지 않다.

적성은 선천적인 요인으로 나타나는 면도 있지만, 후천적인 경험이나 교육을 통해 특성이 개발되기도 하면서 적성으로 고착화되기도 한다. 중요한 것은 다양한 경험과 개인의 노력을 통해 계발될 수 있다는 것이다. 따라서 선천적인 요인은 최대한 살리면서 후천적인 요인을 폭넓고 다양하게 개발하여 여러 분야에 적용할 수 있는 능력을 갖추도록 해야 한다.

▣ NCS 직업 기초능력과 하위 영역

NCS(National Competency Standards: 국가직무능력표준)는 산업현장에서 직무를 수행하기 위해 요구되는 지식 · 기술 · 태도 등의 내용을 국가가 체계화한 것이다. 다음은 기업 또는 조직에서 요구하는 직업기초능력 영역과 그 정의를 설명한 것이다.

영역	하위능력	정의
의사소통	문서이해능력	업무를 수행함에 있어 다른 사람이 작성한 글을 읽고 그 내용을 이해하는 능력
	문서작성능력	업무를 수행함에 있어 자기가 뜻한 바를 글로 나타내는 능력
	경청능력	업무를 수행함에 있어 다른 사람의 말을 듣고 그 내용을 이해하는 능력
	의사표현능력	업무를 수행함에 있어 자기가 뜻한 바를 말로 나타내는 능력
	기초 외국어 능력	업무를 수행함에 있어 외국어로 의사소통할 수 있는 능력
수리능력	기초연산능력	업무를 수행함에 있어 기초적인 사칙연산과 계산을 하는 능력
	기초통계능력	업무를 수행함에 있어 필요한 기초 수준의 백분율, 평균, 확률과 같은 통계 능력
	도표분석능력	업무를 수행함에 있어 도표(그림, 표, 그래프 등)가 갖는 의미를 해석하는 능력
	도표작성능력	업무를 수행함에 있어 자기가 뜻한 바를 말로 나타내는 능력
문제해결능력	사고력	업무와 관련된 문제를 인식하고 해결함에 있어 창조적, 논리적, 비판적으로 생각하는 능력
	문제처리능력	업무와 관련된 문제의 특성을 파악하고, 대안을 제시, 적용하고, 그 결과를 평가하여 피드백하는 능력
자기개발능력	자아인식능력	자신의 흥미, 적성, 특성 등을 이해하고, 이를 바탕으로 자신에게 필요한 것을 이해하는 능력
	자기관리능력	업무에 필요한 자질을 지닐 수 있도록 스스로를 관리하는 능력
	경력개발능력	끊임없는 자기 개발을 위해서 동기를 갖고 학습하는 능력
자원관리능력	시간관리능력	업무 수행에 필요한 시간자원이 얼마나 필요한지를 확인하고, 이용 가능한 시간 자원을 최대한 수집하여 실제 업무에 어떻게 활용할 것인지를 계획하고 할당하는 능력
	예산관리능력	업무 수행에 필요한 자본자원이 얼마나 필요한지를 확인하고, 이용 가능한 자본자원을 최대한 수집하여 실제 업무에 어떻게 활용할 것인지를 계획하고 할당하는 능력
	물적자원관리능력	업무수행에 필요한 재료 및 시설자원이 얼마나 필요한지를 확인하고, 이용 가능한 재료 및 시설자원을 최대한 수집하여 실제 업무에 어떻게 활용할 것인지를 계획하고 할당하는 능력
	인적자원관리능력	업무수행에 필요한 인적자원이 얼마나 필요한지를 확인하고, 이용 가능한 인적자원을 최대한 수집하여 실제 업무에 어떻게 활용할 것인지를 계획하고 할당하는 능력

영역	하위능력	정의
대인 관계 능력	팀워크능력	다양한 배경을 가진 사람들과 함께 업무를 수행하는 능력
	리더십능력	업무를 수행함에 있어 다른 사람을 이끄는 능력
	갈등관리능력	업무를 수행함에 있어 관련된 사람들 사이에 갈등이 발생하였을 경우 이를 원만히 조절하는 능력
	협상능력	업무를 수행함에 있어 다른 사람과 협상하는 능력
	고객서비스능력	고객의 요구를 만족시키는 자세로 업무를 수행하는 능력
직업 윤리	근로 윤리	업무에 대한 존중을 바탕으로 근면하고 성실하고 정직하게 업무에 임하는 자세
	공동체 윤리	인간 존중을 바탕으로 봉사하며, 책임 있고, 규칙을 준수하며 예의 바른 태도로 업무에 임하는 자세
정보 능력	컴퓨터활용능력	업무와 관련된 정보를 수집, 분석, 조직, 관리, 활용하는 데 있어 컴퓨터를 사용하는 능력
	정보처리능력	업무와 관련된 정보를 수집하고, 이를 분석하여 의미 있는 정보를 찾아내며, 의미 있는 정보를 업무수행에 적절하도록 조직하고, 조직된 정보를 관리하며, 업무 수행에 이러한 정보를 활용하는 능력
기술 능력	기술이해능력	업무 수행에 필요한 기술적 원리를 올바르게 이해하는 능력
	기술선택능력	도구, 장치를 포함하여 업무 수행에 필요한 기술을 선택하는 능력
	기술적용능력	업무 수행에 필요한 기술을 업무 수행에 실제로 적용하는 능력
조직 이해 능력	국제 감각	주어진 업무에 관한 국제적인 추세를 이해하는 능력
	조직체제이해능력	업무 수행과 관련하여 조직의 체제를 올바르게 이해하는 능력
	경영이해능력	사업이나 조직의 경영에 대해 이해하는 능력
	업무이해능력	조직의 업무를 이해하는 능력

2) 직업적성검사에 대한 이해

적성은 특정 분야에 필요한 기능 또는 직무, 지식 등을 잘 학습할 수 있는 잠재능력이라고 할 수 있다. 적성은 적성이 예측하고자 하는 구체적인 활동이나 내용에 따라 다양하게 구분할 수 있는데, 직업 활동과 관련된 적성을 직업적성(vocational aptitude)이라고 한다. 즉, 직업적성은 사무직, 관리직, 전문직 등과 같은 특정한 활동 분야를 제대로 수행하는 데 필요한 능력을 말하는 것으로, 직업이나 일에 대한 성공 가능성을 예측할 수 있는 특성이다.

직업적성을 측정하기 위해 직업적성검사를 실시할 수 있는데, 고용노동부에서 실시하고 있는 직업적성검사는 15개의 하위 검사로 이루어져 있으며 이 검사가 측정하고 있는 구성요인은 11가지이다. 적성검사는 특정 분야에 관련된 활동을 성공적으로 수행하는 데 필요한 능력적 측면을 검사하는 것으로, 지원 업무에 관련된 직업 기초 능력을 파악할 수 있다. 인성검사와 달리 정확한 답안이 나와 있기 때문에 결과도 명확하게 나오게 된다. 이러한 적성검사를 통해 개인이 인식하지 못하는 잠재력을 발견할 수 있고, 학업이나 진로를 결정하는 데 있어서 중요한 정보를 제공받을 수 있으며 개인의 미래 학업이나 직업에서의 성공 가능성을 예측할 수도 있다.

고용노동부의 직업적성검사를 구성하는, 각 적성 요인이 의미하는 능력에 대해 살펴보면 다음과 같다.

(1) 언어력

정확한 의사소통을 위해 단어와 문장의 의미를 이해하고, 그 내용과 의미를 제대로 표현하는 능력으로, 특히 사회과학 분야에서 요구되는 적성이지만 여러 직업 분야에서 공통적으로 필요로 하는 능력이라고 볼 수 있다.

(2) 수리력

계산을 정확하고 빠르게 수행할 수 있고, 일상생활에서 접하는 통계적 자료들의 기본적인 의미를 파악할 수 있는 능력으로, 특히 사무 분야에서 요구되는 중요한 적성이지만 여러 직업 분야에서 요구되는 기초적인 능력이라고 볼 수 있다.

(3) 추리력

일상생활이나 직장생활에서 주어진 정보를 종합해서 상호 관계를 논리적으로 추론할 수 있는 능력으로, 특히 공학 및 자연분야에서 요구되는 적성이다.

(4) 공간지각력

실제 물체를 회전시키거나 분해했을 때 변화된 모습을 상상할 수 있고 입체적 공간 관계를 이해하며 공간 속에서 위치나 방향을 정확히 파악할 수 있는 능력으로, 미술, 건축, 설계 등 입체 구성 능력이 필요한 직업분야에서 요구되는 적성이다.

(5) 사물지각력

서로 다른 사물들 간의 유사점이나 차이점을 빠르고 정확하게 지각하고 물체를 비교 및 판별하여 형태나 명암의 근소한 차이를 알아보는 능력으로, 사무 분야와 응용 미술 분야에서 요구되는 적성이다.

(6) 상황판단력

실생활에서 발생할 수 있는 다양한 문제나 갈등 상황에서 문제를 해결하기 위해 여러 방법 중 가장 바람직한 대안을 판단할 수 있는 능력으로, 유연한 대처와 아이디어 창출이 중요한 분야에 요구되는 적성이다.

(7) 기계능력

기계의 작동원리나 사물의 운동원리를 이해하는 능력으로, 대부분의 이공계 분야에서 요구되는 적성이다.

(8) 집중력

작업을 방해하는 자극이 존재함에도 불구하고 정신을 한곳에 지속적으로 집중하여 문제를 해결할 수 있는 능력을 말한다.

(9) 색채 지각력

색을 인지하여 새로운 색을 창조하는 능력과 색의 감성적 의미를 파악하는 능력으로, 여러 색깔 간의 차이와 특성을 지각하여 적절하게 활용하는 정도를 알아볼 수 있다. 각종 미술 분야 직업의 전문가나 감정사와 같은 직업에 중요한 적성이다.

(10) 협응능력

두 가지 이상의 기능이 서로 조화롭게 주어진 과제를 효율적으로 완수하는 능력으로, 보통 눈과 손을 함께 사용하는 작업을 빠르고 정확하게 해낼 수 있는 능력을 말한다.

직업적성검사의 각 적성 요인이 측정하는 내용과 하위 검사는 다음과 같다.

〈표 4-1〉 직업적성검사의 하위 요소

적성 요인	측정하는 내용	하위 검사
언어력	• 단어의 설명이 주어지고 그에 가장 적합한 단어를 빠르고 정확하게 파악하는 능력 • 글이 주어지고 글의 핵심적인 내용을 빠르고 정확하게 찾는 능력 • 다섯 개의 낱말이 주어진 상황에서 공통점을 가진 두 개의 낱말을 빠르고 정확하게 분류하는 능력	어휘력 문장독해력
수리력	• 간단한 계산 문제들로 기초적인 계산 능력 • 주어진 문장을 읽고, 사칙연산, 공식의 유도 및 변형 등을 통해 문제의 해답을 끌어내는 능력	계산력 자료해석력

적성 요인	측정하는 내용	하위 검사
추리력	• 제시된 문장을 논리적으로 재배열하고, 주어진 상황에 대한 정보를 해석하여 문제의 답을 추론하는 능력	수열추리 I 수열추리 II 도형추론
공간지각력	• 하나 혹은 그 이상의 시각화된 대상물을 빠르고 정확하게 심적으로 회전하는 능력 • 그림 속의 특정 요소, 혹은 도형의 부분을 찾아내는 능력	조각맞추기 그림맞추기
사물지각력	• 주어진 두 개의 문장이 서로 같은지 다른지를 빠르고 정확하게 파악하는 능력 • 제시된 두 개의 기호, 그림, 문자 등의 크기와 형태, 방향 등을 보고 같은지 다른지를 빠르고 정확하게 비교해 내는 능력	지각속도
상황판단력	• 실생활에서 자주 당면하는 문제나 갈등 상황에서 문제를 해결하기 위해 여러 방법 중 가장 바람직한 대안을 판단할 수 있는 능력	상황판단력
기계능력	• 기계의 원리나 물질세계에 대한 원리 등을 이해하고 기계의 작동 및 조작 원리를 이해할 수 있는 능력	기계능력
집중력	• 인지적 의미(글자), 지각적 판단(색)에 일으키는 간섭을 억제하는 정도	집중력
색채지각력	• 빛의 연속 스펙트럼상에서 특정 위치에 해당하는 색상을 추론하는 능력	색혼합 색구분
사고유연성	• 성냥개비를 배열하여 만든 도형에서, 정해진 개수의 성냥개비를 제거하여 정해진 개수의 사각형을 만드는 능력	문제해결능력
협응능력	• 주어진 도형을 보고 정확하고 빠르게 그릴 수 있는지 측정	사고유창력

출처: 워크넷(http://www.work.go.kr).

2. 직업적성검사를 통한 진로탐색

앞에서 언급한 고용노동부에서 실시하는 성인용 직업적성검사는 대학생과 일반 성인들을 대상으로 개발된 검사로서, 검사 결과를 통해 원하는 직업에 필요한 능력과 자신의 능력을 비교할 수 있다. 각 영역에 대한 결과 점수가 제시하는 능력의 정도는 다음과 같다.

120점 이상	최상: 상위 10% 이내	88~99점	중하: 하위 50%에서 하위 21%
112~119점	상: 상위 11%에서 상위 20%	81~87점	하: 하위 20%에서 하위 11%
100~111점	중상: 상위 21%에서 상위 50%	80점 이하	최하: 하위 10% 이내

1) 직업가치관 검사 결과에 대한 이해

직업적성 검사의 11개 적성 요인에 맞는 관련 직업과 특성은 다음과 같다.

적성 요인	관련 직업	관련 직업의 특성
언어력	교사, 기자, 작가, 통번역, 의료 전문가, 상담, 영업 등	사람들과 대화를 나누거나, 대화를 통해 고객을 이해하고 설득하는 직업
수리력	투자분석가, 수학자, 통계학자, 세무사, 공인회계사, 펀드매니저, 컴퓨터 프로그래머, 공학기술자 등	이공계나 자연계 관련 연구직, 통계학이나 경제학, 회계사 등 수치를 다루는 직업
추리력	수학자, 통계학자, 시스템엔지니어, 세무사, 공인회계사, 화가, 만화가 등	공학 및 자연분야 등 고도의 지적 활동이 필요한 직업
공간 지각력	화가, 만화가, 촬영기사, 연출 및 감독, 건축 관련 직업 등	건축 관련 직업이나 미술 관련 직업, 사진 또는 촬영, 연출, 조종, 감독 관련 직업
사물 지각력	유치원 교사, 건축 관련 직업, 연출 및 감독, 일반 제조원 등	서로 다른 사물들 간의 유사점이나 차이점을 빠르고 정확하게 지각해야 하는 직업
상황 판단력	교사, 간호사, 공인중개사, 공무원, 상담원, 광고/조사/컨설팅 전문가 등	다양한 상황에 유연하게 대처할 수 있어야 하는 직업과 새로운 아이디어를 산출하는 것이 중요한 직업
기계 능력	기계공학, 산업공학, 농학, 정비원, 해양수산 관련 기술자, 항공기 조종사, 기계 관련 연구/기술직	대부분 이공계 관련 직업

적성 요인	관련 직업	관련 직업의 특성
집중력	간호 관련 전문가, 소방관, 속기사, 성우, 아나운서 등	간호 관련 전문가나 소방관과 같이 주변의 여러 방해 자극이 많은 직업 환경 안에서도 맡은 일에 온전히 집중해서 일을 수행해야 하는 직업
색채 지각력	보석감정사, 화가, 색채전문가, 만화가, 디자이너 등	화가나 색채전문가를 비롯한 각종 미술 분야 직업의 전문가와 만화가, 디자이너, 보석감정사와 같은 직업
사고 유창성	작가, 디자이너, 연출 및 감독, 작가, 아이디어 기획 등	새롭고 많은 아이디어를 창출해야 하는 광고, 조사, 컨설팅 관련 직업
협응 능력	레크리에이션 지도자, 미용 관련 직업, 일반 제조원 등	기계운전, 사무직 등 도구를 다루는 분야의 직업

3. 다중지능검사

다중지능(Multiple Intelligence)검사는 발달심리학자 하워드 가드너(Howard Gardner, 1983)의 다중지능 이론을 바탕으로 개발된 검사이다. 다중지능 이론이란, 인간의 지능은 단순한 지적 능력이 아닌 여러 가지 다양한 지능으로 구성되어 상호협력하고 있다고 보는 이론으로, 개인마다 정도의 차이는 있지만 적어도 7가지 지능을 가지고 태어난다고 보고 있다. 초기에는 언어지능, 논리수학지능, 공간지능, 음악지능, 신체운동지능, 대인관계지능, 개인내적지능의 7가지에 자연지능을 추가한 다음 다시 실존지능을 추가하였다. 다중지능검사를 통해, 사회 속에 직면해 있는 문제를 해결하는 지적 능력으로, 환경과 상황에서 해당 문화권이 가치를 두고 있는 산물을 창조할 수 있는 개인의 능력을 확인할 수 있다.

〈표 4-2〉 8가지 지능별 분석표

다중지능	특징	적합 직업
언어 지능	말이나 글을 잘 이해하고 자신의 생각과 느낌을 표현하는 능력	작가, 아나운서, 변호사, 방송인, 정치가, 시인, 성우, 번역가, 외교관
음악 지능	음악을 이해하고 악기를 잘 연주할 수 있는 능력	음악가, 음악평론가, 음향기술자, 음악교사, 공연연출가
논리 수학 지능	수리적으로 문제를 잘 해결할 수 있고, 추론을 잘하는 능력	기술자, 수학자, 물리학자, 과학자, 은행원, 공인회계사, 의사, 수학교사, 법조인, 연구원
공간지능	사물을 그림으로 표현하고, 머릿속으로 그림을 그리며 상상할 수 있는 능력	디자이너, 조각가, 항해사, 화가, 건축가, 사진사, 설계사, 파일럿, 애니메이터, 인테리어 디자이너
신체운동 지능	몸으로 느낌을 표현하며 효율적으로 몸을 움직이고 동작을 학습할 수 있는 능력	무용가, 배우, 뮤지컬배우, 경찰, 군인, 경호원, 카레이서, 운동선수, 파일럿
대인관계 지능	타인의 감정을 잘 알고, 다른 사람들과 상호작용하는 능력	외교관, 방송 PD, 사회학자, 정치가, 카운슬러, 교사, 개그맨, 선교사, 교육사업가
자기이해 지능	자신의 생각과 감정을 잘 알며, 자신의 감정을 조절하는 능력	심리학자, 작가, 발명가, 신학자, 철학자, 성직자, 작곡가, 기업가, 예술가
자연탐구 지능	자연현상을 탐구하고, 환경에 적응하는 능력	수의사, 유전공학자, 생물학자, 농화학자, 조류학자, 천문학자, 한의사, 의사, 원예가, 환경운동가

워크시트 직업적성검사를 통해 자신의 적성 탐색하기

◈ 자신이 희망하는 직업을 적고, 그 직업에 요구되는 적성 요인을 적어 보자.

구분	희망 직업	요구되는 적성 요인
1순위		
2순위		
3순위		

◈ 직업적성검사를 바탕으로 자신의 적성 구성 요인별 점수를 적어 보자.

적성 요인	점수	적성 요인	점수
언어력		기계능력	
수리력		집중력	
추리력		색채 지각력	
공간 지각력		사고 유창성	
사물 지각력		협응능력	
상황 판단력		–	–

◈ 직업적성검사 결과

점수별 순위	적성 요인
1순위	
2순위	
3순위	

◈ 적성검사 결과를 바탕으로 순위별 적성 요인과 추천 직업 중 원하는 직업을 적어 보자.

구분	적성 요인	추천 직업
1순위		
2순위		
3순위		

◈ 자신의 희망 직업과 적성탐색검사 결과의 추천 직업을 비교하여 자신의 적성에 적합한 직업을 결정해 보고 느낀 점을 적어 보자.

Chapter 05

성격

05 Chapter 성격

학습목표

1. 성격에 대해 살펴본다.
2. 자신의 성격에 대해 구체적으로 진단, 확인해 본다.
3. 자신의 성격에 적합한 직업 환경에 대해 알아본다.

1. 성격에 대한 이해

1) 성격의 개념

성격은 보통 각 개인이 가지고 있는 특유한 고유 성질이나 품성을 의미한다. 심리학적으로는 환경에 대하여 특정한 행동 형태를 나타내고, 그것을 유지하고 발전시킨 개인의 독특한 심리적 체계이자, 개인이 가진 남과 다른 자기만의 행동 양식으로 정의할 수 있다. 성격심리학자인 올포트(Allport, 1937)는 성격을 '개인의 특유한 행동과 사고를 결정하는 개인 내의 정신 신체적 체계들의 역동적 조직'이라고 정의하였고, 메이(May)는 성격의 사회적 측면을 강조한 학자로, '성격이란 사회에서의 개인의 역할 및 상태를 규정하는 모든 성질의 통합'이라고 정의하면서 다른 사람에게 자극을 주고 그 자극이 어떻게 평가되느냐가 성격을 형성한다고 보았다. 결국, 성격은 자신과 아울러 다른 사람으로부터 주어진 자신의 양면 차원에서 고찰해 볼 수 있다.

2) 진로탐색에서 성격의 중요성

성격은 개인적인 영역에서 사람마다 다양하고 겉모습만 보고는 판단하기 어려운 복잡한 내면적 특징을 가지고 있다. 같은 사건 또는 상황에 대해 각기 다른 사고와 반응을 나타내기 때문이다. 따라서 개인의 고유한 성격은 사건이나 상황에 대한 지각, 태도, 행동 및 의사결정에 영향을 미치고, 더 나아가 개인의 진로 결정에도 중요한 기준이 될 수 있다. 자신의 성격을 제대로 파악하여 장점을 잘 펼칠 수 있는 직업을 선택하거나 단점을 보완할 수 있는 활동을 지속하면서 스스로를 성숙한 인격체로 만들어 가는 과정이야말로 전 생애적인 진로 과정이 될 수 있을 것이다.

올포트(1937)는 건강한 성격이란 성숙된 성격을 뜻하는 것으로, 성숙된 성격을 지닌 사람은 자아의식을 확대해 나가고 타인과 온정적인 관계를 유지하며 정서적으로 안정되어 있고 현실을 있는 그대로 지각한다고 설명하고 있다. 또한 자신의 일에 있어서도 몰입을 잘하고 과업 지향적으로 행동하며 자신을 객관적으로 이해하려고 하면서 통일된 인생철학을 갖는 등의 경향성을 보인다고 하였다. 이러한 성숙된 성격은 직업 조직 적응에 중요할 수 있으며 직업 생활을 통해 이러한 성숙을 이루어 나갈 수 있다고 볼 수 있다.

2. 성격 찾아가기

1) MBTI 성격유형검사

(1) MBTI에 대한 이해

진로 결정에 활용할 수 있는 성격 검사로 MBTI(Myers-Briggs Type Indicator)가 자주 사용되고 있다. MBTI는 마이어스(Myers)와 브릭스(Briggs)가 융(Jung)의 심리 유형론을 토대로 고안한 자기 보고식 성격유형검사 도구로(Briggs & Myers, 1976), 시행이 쉽고 간편하여 여러 현장에서 광범위하게 사용되고 있다(최정윤, 2002). MBTI의 이론적 토대가 된 융(1971)의 심리적 유형 이론은 인간이 세상에서 정보를 수집하여 이를 바탕으로 판단을 내릴 때 각자 선호하는 방식에 차이가 있다는 점에 주목한다. 인간 행동이 다양성으로 인해 예측할 수 없는 것 같아 보여도 어떤 질서와 일관된 경향이 있다. 그래서 성격은 좋고 나쁜 것이 아니라 어떤 선호의 경향성으로 볼 수 있으며, 선호하느냐 선호하지 않느냐에 따라 성격이 진단될 수 있는 것이다. 융의 심리 유형론에서는 이러한 인간 행동의 다양성을 다음과 같이 크게 태도 유형과 기능 유형의 두 가지 측면으로 구분하여 접근한다(Jung, 1971). 한국의 MBTI 역사는 1988~1999년 심혜숙, 김정택 교수에 의해 도입되었다.

		기능유형			
		인식기능		판단기능	
		감각	직관	사고	감정
태도유형	내향적	내향적 감각형	내향적 직관형	내향적 사고형	내향적 감정형
	외향적	외향적 감각형	외향적 직관형	외향적 사고형	외향적 감정형

[그림 5-1] 융의 심리 유형론

MBTI검사의 구성은 개인마다 태도와 인식 및 판단 기능에서의 차이를 나타내는 4가지의 선호 경향으로 이루어져 있으며, 각 선호 경향은 두 가지의 극이 되는 성격으로 이루어져 있다.

선호지표		설명
외향(Extraversion)	내향(Introversion)	에너지 방향: '외부' 사람과 사건/내면 생각
감각(Sensing)	직관(iNtuition)	인식 기능: 실제적인 인식/실제 너머로 인식
사고(Thinking)	감정(Feeling)	판단 기능: 사실과 객관적 진실/관계와 사람
판단(Judging)	인식(Perceiving)	생활 양식: 조직적이고 구조적이며 마무리 지향적 /유연하고 즉흥적이며 개방적

MBTI의 4가지 선호 경향은 세부적으로 8개의 지표로 구분할 수 있다. 각 지표는 반대되는 특성을 가지고 있으며, 선호 점수가 높을수록 더 확실하게 특성이 드러나고 낮을 경우 반대 성향의 특성이 나타날 수도 있다. 예를 들어, 내향형 점수가 40점인 사람이나 5점인 사람은 타고난 선호경향은 내향형이지만 상황에 따라 5점인 사람은 외향형처럼 비춰질 수 있다. 8가지 지표에 대해 살펴보면 다음과 같다.

<table>
<tr><td>외향형(E)
Extraversion</td><td></td><td>↔
에너지 방향
(주의 초점)</td><td>내향형(I)
Introversion</td><td></td></tr>
<tr><td>감각형(S)
Sensing</td><td></td><td>↔
인식의 기능
(정보 수집)</td><td>직관형(N)
iNtuition</td><td></td></tr>
<tr><td>사고형(T)
Thinking</td><td></td><td>↔
판단의 기능
(판단, 결정)</td><td>감정형(F)
Feeling</td><td></td></tr>
<tr><td>판단형(J)
Judging</td><td>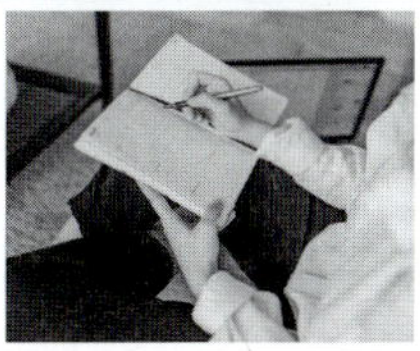</td><td>↔
행동양식
(생활양식)</td><td>인식형(P)
Perceiving</td><td>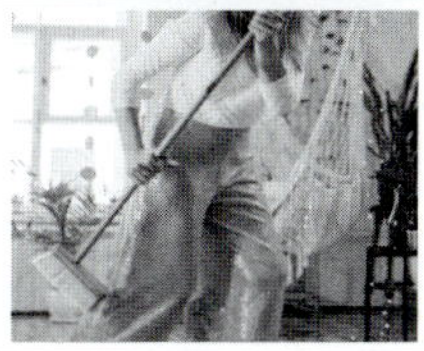</td></tr>
</table>

① 외향형(Extraversion)과 내향형(Introversion)

개인의 에너지와 관심의 방향이 어느 쪽에 있는가에 따라 외향(E)과 내향(I)으로 구분된다. 외향형인 사람은 관심과 주의가 외부 세계를 향하여 사람 만나는 것을 좋아하고 활동적이다. 인식과 판단에서도 외부 사람이나 사물에 초점을 맞추고 자신의 생각을 말로 표현하는 것을 좋아하며 자신을 드러내는 것을 좋아한다. 또한 외부의 자극을 통해 배워 나가는 경향이 있어서 일단 경험한 후 이해하는 방식을 추구한다. 반면, 내향형인 사람은 관심과 주의가 자신의 내면으로 향하며, 조용하고 내적 활동을 즐기는 경향이 있어서 혼자 사색에 잠기는 것이 편안하고 활력이 된다. 말보다는 글로 표현하는 것을 좋아하며 이해한 다음에 경험하는 방식을 선호한다.

외향형(E)	내향형(I)
폭넓은 대인 관계를 추구하며 사교적이면서도 정열적이고 활동적이다.	깊이 있는 대인관계를 추구하며 조용하면서도 신중하다.
감정을 표현하는 것을 미덕이라고 생각하고 감정 표현을 잘한다.	감정을 표현하기보다는 속에 담아 두는 경향이 있고, 말이 별로 없다.
외부 요청이나 환경에 의해 에너지가 밖으로 나간다.	외부 요청이나 환경에 의해 에너지가 안으로 들어온다.
항상 관계를 필요로 한다.	사생활, 즉 개인 공간 및 시간, 은둔, 비밀 등을 필요로 한다.
넓은 삶의 스케일을 추구한다.	삶의 깊이를 추구한다.
먼저 행동하고 경험한 후에 생각하고 반성한다.	사고하고 반성한 후에 행동 및 경험으로 이어진다.
타인에게 다정하게 말하기를 좋아하고 쉽게 알려 준다.	알려 주기보다는 스스로 보유하고 있으며 매사에 자제하고 알기 어렵다.

② 감각형(Sensing)과 직관형(iNtuition)

사람이나 사물 등 대상을 인식하고 지각하며 정보를 받아들이는 방식이 어떠한지에 따라 감각(S)과 직관(N)으로 구분된다. 감각형인 사람은 일반적으로 대상을 인식하고 지각함에 있어서 오관 또는 오감을 사용하고 현재에 집중하는 경향이 있다. 따라서 일 처리 방식이 철저하고 실제적인 것을 중요시하며 사실적인 묘사를 선호하는 경향이 있다. 세밀한 관찰 능력이 있어서 숲 전체를 보기보다는 나무를 보려는 경향이 있다. 반면, 직관형인 사람은 보이는 것 그대로를 보기보다는 육감에 의존하려는 경향이 있어서 상상력이 풍부하고 창조적이다. 비유적인 묘사를 선호하고 가능성을 중요시하여 나무를 구체적으로 보려 하기보다는 숲 전체를 보려는 경향이 있다.

감각형(S)	직관형(N)
오감에 의존하여 정확하고 철저하게 일을 처리하려고 하며, 실제 경험과 지금, 현재를 중시한다.	육감 또는 영감에 의존하여 신속 또는 비약적으로 일을 처리하려고 하며, 미래 지향적이고 가능성을 추구한다.
사물에서 얻는 일차적인 것에 관심이 있다.	사물에서 얻는 이차적인 것에 관심이 있다.
정확히 측정할 수 있는 것에 관심을 갖는다.	새롭게 발명할 수 있는 기회를 좋아한다.
구체적이고 세밀한 부분을 잘 본다.	전체적인 패턴이나 관련성을 잘 본다.
처음부터 시작하여 한 단계씩 나아가며 일상과 절차를 중요시한다.	언제든지 건너뛰거나 비약할 수 있으며 변화와 다양성을 추구한다
부분들에 대해 작업하면서 전체를 알아 간다.	전체를 연구하여 부분들이 적합한지를 알아 간다.

③ 사고(Thinking)형과 감정형(Feeling)

수집한 정보를 바탕으로 판단하고 결정하는 방식이 어떠한지에 따라 사고(T)와 감정(F)으로 구분한다. 사고형인 사람들은 객관적인 사실을 근거로 분석적으로 판단하고자 한다. 원칙과 규범, 공정성을 중요시하며 비판적이면서 옳고 그름을 기준으로 사고를 하는 경향이 있다. 반면, 감정형인 사람은 원리 원칙보다는 인간적인 관계나 상황적 특성을 고려하여 판단을 내린다. 좋고 나쁨을 기준으로 사고를 하며 정서적 측면에 중요시하여 논리적인 판단이나 원칙보다는 사람들에게 어떤 결과를 가져올지 등을 중요시하는 경향이 있다.

사고형(T)	감정형(F)
진실과 사실에 초점을 두고 논리적이고 분석적이며 객관적으로 판단한다.	사람과 관계에 초점을 두고 상황을 고려하여 판단한다.
진리와 정의를 중요시한다.	관계와 조화를 중요시한다.
분석, 논리, 분류에 관심이 있다.	조화와 연결에 관심이 있다.
결점이나 비판점을 찾는 경향이 있다.	감사하고 칭찬하려는 경향이 있다.
머리로, 논리에 따라 결정한다.	가슴으로, 개인적 확신에 따라 결정한다.
외부에서 관찰자로 사물을 본다.	내부에서 참여자로 사물을 본다.
장기적인 시각을 사용한다.	즉각적이면서 개인적인 시각을 사용한다.

④ 판단형(Judging)과 인식형(Perceiving)

인식 기능과 판단 기능을 바탕으로 실제 생활에 대처하는 방식이나 행동 방식이 어떠한지에 따라 판단(J)과 인식(P)으로 구분된다. 판단형의 사람은 빠르고 합리적이며 옳은 결정을 내리려고 한다. 목적 의식이 뚜렷하고 조직적이고 체계적으로 행동하려는 경향이 있다. 반면, 인식형의 사람은 상황에 따라 움직이고, 모험이나 변화에 대한 열망이 높다. 호기심이 많고 계획을 세웠다 하더라도 상황에 따라 유연하게 행동하는 경향이 있다.

판단형(J)	인식형(P)
분명한 목적과 방향이 있으며 기한을 엄수하고 철저히 사전계획하고 체계적이다.	목적과 방향은 변화가능하고 상황에 따라 일정이 달라지며 자율적이고 융통성이 있다.
인식기능(정보수집)보다 판단기능에 더 관심이 많다.	판단기능보다 인식기능(정보수집)에 더 관심이 많다.
명확한 한계와 범주를 좋아한다.	한계 없는 탐험을 위한 자유를 좋아한다.
조직화된 생활양식을 선호한다.	유연성 있는 생활양식을 선호한다.
적절한 폐쇄 공간에서 편안함을 느낀다.	개방을 유지하는 것이 편안하다.
삶을 통제하고 명확한 순서와 주도를 좋아한다.	삶을 발생하는 대로 경험하고 흐름에 따라가는 것을 좋아한다.

(2) MBTI 16가지 성격유형의 특성

4가지 선호경향과 8개 지표의 조합에 따라 16개의 성격유형으로 구분되는데, 각 성격유형의 특성을 요약해 보면 다음과 같다.

ISTJ(세상의 소금형)	ISFJ(정리정돈형의 비서)
정확성과 조직력을 발휘하는 것을 선호한다. 실제 사실에 대해 정확하고 체계적으로 기억하며 일 처리에 있어서 신중하고 책임감이 강하다. 성취하고자 하는 것은 주위의 시선에 아랑곳하지 않고 꾸준하게 추진해 나간다. 집중력이 강한 현실감각을 지녔으며 조직적이고 침착하며 보수적인 면이 있다.	어떠한 난관이 있어도 꾸준히 밀고 나간다. 충실하고 동정심이 많고 타인의 감정 변화에 주의를 기울인다. 어떤 계획의 추진이나 집단에 안정감을 준다. 경험을 통해서 자신이 틀렸다고 인정될 때까지 어떠한 난관이 있어도 꾸준히 밀고 나간다. 온정적이며 헌신적이고, 침착하며 양심이 바르다.
ISTP(백과사전형)	**ISFP(성인군자형)**
모험심이 많아 긴장감 있는 운동을 좋아한다. 연장 · 도구 · 기계를 다루는 데 뛰어나며 사실들을 조직화하는 능력이 많다. 조용하고 과묵하며 절제된 호기심으로 객관적으로 인생을 관찰하는 편이다. 미세한 차이까지도 알아차릴 정도로 관찰력이 높고, 일과 관련이 없으면 어떤 상황이나 인간관계에 직접 관여하지 않는다. 민첩하게 상황을 판단하는 능력이 있다.	온화하고 겸손하며 친절하다. 상대를 잘 알기 전까지는 따뜻함을 잘 드러내지 않을 수도 있다. 목표를 달성하기 위해서 서두르지 않으며 현재를 즐기기 때문에 마음의 여유가 있다. 자신과 타인의 감정에 지나치게 민감하고, 자신의 의견이나 가치를 타인에게 강요하지 않으며 반대 의견이나 충동을 피하고 인화를 중요시한다.
INFJ(예언자형)	**INTJ(과학자형)**
창의력과 통찰력이 뛰어나며 강한 직관력으로 타인에게 영향을 끼친다. 독창성과 내적 독립심이 강하며, 확고한 신념과 열정을 가지고 자신의 영감을 구현시켜 나가려고 한다. 공동의 이익에 애를 쓰고 동료애로 존경을 받으며 사람이 따른다. 직관력과 사람중심의 가치를 중시한다.	목적 달성을 위해 모든 시간과 노력을 기울인다. 때로는 회의적 · 비판적 · 독립적으로 보이며 고집스러울 때도 있다. 자신의 아이디어나 목표를 달성하는 데 강한 결단력과 추진력이 있다. 관심을 끄는 일이라면 그 일을 계획하고 추진해 나가는 능력이 돋보인다.
INFP(잔다르크형)	**INTP(아이디어뱅크형)**
이해심이 많고 관대하며 자신이 지향하는 이상에 대해 정열적인 신념을 가지고 있다. 정열적이고 충실하며 잘 표현하지 않으나 내적 신념이 강하다. 인간이해와 복지에 기여할 수 있는 일을 하기 원한다. 너무 많은 일을 벌여 놓고 고민하는 경향이 있다. 적응력이 많고 관대하며 개방적이다.	아이디어 개발에 관심이 많으며 매우 분석적이고 논리적이고 비평을 잘한다. 과묵하지만 관심이 있는 분야에 대해서는 조리 있게 말을 한다. 때로는 자신의 지적 능력을 은근히 과시하므로 거만해 보이기도 한다. 지적 호기심을 발휘할 수 있는 분야에 관심이 많다. 지나치게 추상적이고 비현실적이며 사교성이 결여되기 쉽다.

ESTJ(사업가형)	ESFJ(친선도모형)
체계적으로 일하고, 규칙을 준수하며 사실적 목표 설정을 잘한다. 실용적이며 현실감각이 뛰어나고, 일을 조직하고 계획하며 추진시키는 능력이 있다. 규칙을 중시하고 체계적으로 사업체나 조직을 이끌어 나간다. 뛰어난 지도자로서 일의 목표를 설정하고, 지시 · 결정하고 이행하는 능력이 있다. 지나치게 업무 위주로 사람을 대하는 경우가 있어 인간 중심적 사고가 부족하다.	사람에 대한 관심이 많으며, 친절하고 동정심이 많다. 마음이 따뜻하고 말하는 것을 좋아하며, 동료애가 많고 능동적인 구성원이다. 정리 · 정돈을 잘하고 참을성이 많고 인화를 중요시하므로, 일이나 사람들에게 냉철한 입장을 보이는 것을 어려워한다. 자신과 반대의 입장을 보이거나 자신의 요구가 받아들여지지 않으면 상처를 받는다.
ESTP(수완 좋은 활동가형)	**ESFP(사교적인 유형)**
일을 논리 · 분석적으로 처리하고, 추상적인 아이디어나 개념에 대해서는 별로 관심이 없다. 친구를 좋아하며 음식, 오락 등 다양한 활동 등 예술적인 멋과 감각으로 생활의 모든 것을 즐긴다. 경험을 중시하며 보수적인 가치관을 가지고 있다. 현실적인 문제해결에 타협 모색을 잘하며 적응력이 강하다. 관용적이고 개방적이며 느긋하고 관용적이다. 연장이나 기계 다루는 데 능숙하다.	호기심이 많으며, 개방적이고 구체적인 사실을 중시한다. 친절하며 낙천적이고 인간중심적 가치를 가지고 있다. 어떤 상황이든 잘 적응하며 수용력이 강하고 사교적이다. 물질적 소유나 운동 등의 실생활을 즐긴다. 다소 수다스럽고 깊이가 없고 마무리를 등한시하는 경향이 있으나 사람들로 하여금 밝고 즐거운 분위기를 조성한다. 상식과 실제적 능력을 필요로 하는 분야를 선호한다.
ENFJ(언변능숙형)	**ENTJ(지도자형)**
사교적이고, 타인의 의견을 존중한다. 비판을 받으면 예민하게 반응한다. 민첩하고 동정심이 많고 공동선을 위해 다른 사람들의 의견에 동조하는 편이다. 현재보다는 미래의 가능성을 더욱 추구하고 능숙하게 계획을 제시하고 집단을 리드하는 능력이 있다. 타인의 좋은 점을 지나치게 이상화하며 맹목적인 충성을 보이는 경향이 있다.	활동적이고 통솔력이 있으며, 준비를 철저하게 하게 한다. 활동적 · 분석적이며, 결정력이 있고 단호한 면이 있다. 장기적인 계획을 수립하고 지적인 자극을 주는 새로운 아이디어에 높은 관심을 갖는다. 정보에 밝고 지식에 대한 관심과 욕구를 가지고 있다. 일에 있어서는 사전 준비와 철저한 분석으로 체계적으로 처리해 나가는 유형이다. 다른 사람의 의견에 귀 기울이고, 성급한 판단이나 결론을 피해야 좋을 때가 많다.
ENFP(스파크형)	**ENTP(발명가형)**
상상력이 풍부하고, 순발력이 뛰어나다. 일상적인 활동에 지루함을 느낀다. 온정적이고 창의적이며 항상 새로운 가능성을 찾고 시도한다. 관심이 있는 일이라면 열성적이고 강렬한 호기심으로 수행해 내는 능력이 있다. 다른 사람에게 관심을 쏟으며 사람들을 리드하며 뛰어난 통찰력으로 도움을 준다. 한 가지 일을 끝내기도 전에 다른 일을 벌이는 경향이 있다.	박학다식하고, 독창적이며 끊임없이 새로운 시도를 한다. 폭넓은 안목과 다방면으로 재능이 많다. 풍부한 상상력과 열정, 의욕이 강하다. 새롭고 복잡한 문제해결능력이 뛰어나다. 사람을 이해하기 위해 노력하며, 항상 즐겁고 활기차다. 일상적이고 세부적인 일을 경시하는 경향이 있다. 때로는 경쟁적이며 이론에 많은 관심이 있다.

2) MBTI 검사를 통한 진로탐색

(1) 8가지 선호지표와 직업

다음은 MBTI 검사의 8가지 선호지표에 적절한 업무 스타일과 선호하는 직업 형태에 대해 살펴보기로 하자.

E	I
• 에너지가 외부 사람 또는 사건을 향함 • 다양한 활동을 선호하며 활동을 통해 문제를 해결하는 집단을 선호 • 장시간 집중해야 하는 환경에서 어려움 • 사무실 밖에서의 다양한 업무 또는 사람과의 직접적인 접촉이 많은 업종을 선호 • 사업, 판매, 마케팅, 공공기관 업무홍보, 판촉 등 상호작용 및 활동성이 많은 업무를 지향	• 에너지가 자신의 내부로 향함 • 장시간의 집중과 깊이를 요구하는 한 가지 일에 초점을 맞추는 것을 선호 • 개념의 틀을 구축하는 문제해결 과정을 선호 • 지속성과 집중력을 요구하고 사람이나 일대일 접촉을 지향 • 교직, 교수, 과학, 연구, 도서, 컴퓨터엔지니어링, 전기 등 아이디어가 필요한 직업을 선호

S	N
• 사실적이고 세부적인 것을 잘 보고 현실감 있으며 실제적이어서 미래보다는 현재에 더 초점을 맞춤 • 일상적인 정확성을 필요로 하는 일에 인내심이 있음 • 조심성이 있으며 숙련된 기술을 선호 • 생산, 관리, 비즈니스, 건축, 사무회계, 간호, 경찰, 군인 등 현실 문제를 다루는 직접적인 활동이 요구되는 직업을 선호	• 전체를 보며 통찰력과 상상력을 발휘하는 경향이 있음 • 현재보다는 미래에 더 초점을 맞춤 • 추상적이고 가능성을 추구해 들어가는 프로젝트, 새로운 방식의 일 처리 등을 선호 • 의사소통, 상담, 저널리스트, 교직, 작가, 법률, 연구, 종교, 예술, 과학 등 장기간의 계획과 발달이 요구되는 직업을 선호

T	F
• 논리적 사고를 통하여 경험을 이해하는 법 관련 영역에 관심 • 숫자, 아이디어 혹은 사람을 대상으로 논리적 분석과 객관적 접근을 요하는 교육영역에 관심 • 비일관성이나 비합리성에 대해 쉽게 간파하고 논평함 • 상황에 포함된 원칙 관찰을 잘함 • 범죄학, 경찰, 법률, 관리, 컴퓨터 생산, 기술, 과학, 상업분야 직업을 선호	• 인간관계 맥락에서 경험을 이해하는 영역에 관심 • 결과에 따른 대가 지불이 발생하더라도 조화와 협동을 추구하고 타인들이 베푸는 혜택에도 감사함 • 사람들과 직접 참여하고 아이디어를 다루는 의사소통이 요구되는 교육영역에 관심 • 상황 속에 깔려 있는 가치 관찰을 잘함 • 목회, 인력봉사, 상담, 비서, 의료교직, 통신, 연예분야 직업 선호

J	P
• 계획성, 일의 완결, 예측성 구조화, 위계와 질서에 가치를 부여 • 스케줄과 마감일을 중요하게 생각하고 일을 결정짓고 안정시키는 것을 선호 • 반복 일상성에 인내심이 있고 때로는 안정성이 주는 여유를 즐김 • 관리하는 직업을 선호 • 계획성, 체계, 질서, 마감일 등을 중요하게 다루는 영역의 직업들을 선호하며 책임이 주어지는 업무 선호	• 마무리 짓기 위한 조급함을 싫어함 • 일에 융통성을 추구함 • 다른 가능성을 탐색하느라 작업을 개방된 채로 남겨 두거나 미루는 경향이 있음 • 변화하는 상황에 잘 적응하는 반면 반복 일상성을 참기 어려워하고 지루해함 • 문제해결을 요구하는 영역의 일을 선호 • 변화, 유연성, 창의성이 중요하게 다루어지는 영역의 직업을 선호하며 스스로 독립적으로 일할 수 있는 업무를 선호

(2) 16가지 성격유형별 선호 직업

다음은 16개의 성격유형별로 흥미를 갖는 직업 분야와 선호하는 직업, 덜 선호하는 직업을 요약한 것이다. 선호하는 직업은 선호 정도가 높은 직업 순으로 나열되어 있으며, 덜 선호하는 직업에서는 선호 정도가 낮은 직업 순으로 나열되어 있다.

▣ ISTJ

흥미를 갖는 분야: 깊은 집중력, 사실에 근거한 확신, 논리와 분석력, 조직화하는 능력을 활용하는 직업분야. 정부, 공공 서비스, 자료나 사람, 사물에 조직적으로 접근하기를 요구하는 직업분야

선호하는 직업	도시개발기술자, 각 분야의 관리자급, 경찰: 관리역, 지역 공익사업 관리자, 치과의사, 구매대리인, 컴퓨터 전문가, 교정원, 법률시행관, 형사, 이공계열 교사, 군인 장교, 경영 컨설턴트, 엔지니어, 화학자, 교육 행정가, 기능직 종사자, 청소 서비스업, 시스템연구가, 인사 노무 관련직
덜 선호하는 직업	예술가, 심리학자, 성직자, 음악가, 상담사, 언론인, 홍보담당자, 유치원교사, 배우, 연구원

▣ ISFJ

흥미를 갖는 분야: 깊은 집중력, 사실에 근거한 확신, 따뜻함과 공감력, 조직화하는 능력 등이 활용되는 직업 분야. 양육하거나 타인을 돌보는 것, 정신적인 작업에 관련된 분야

선호하는 직업	자격증 있는 준 간호사, 사무관리자, 교사(초중고), 행정가(사회봉사), 학교버스기사, 도서관 사서, 성직자, 공공의료 종사자, 치위생사, 건강교육 지도사, 보호관찰관, 아동 보육사, 물리치료사, 형사, 회계원, 사무, 서기, 대중교통운전사, 공익사업가, 헤어디자이너, 영양사
덜 선호하는 직업	마케팅 전문가, 관리자, 인력자원 계획자, 배우, 예술가, 심리학자, 판매관리자, 보험대리인, 건축가, 의사

▣ INFJ

흥미를 갖는 분야: 깊은 집중력, 가능성에 대한 파악 능력, 따뜻함과 공감력, 조직화하는 능력 등이 활용되는 직업 분야. 창의력과 인력개발이 주요 활동인 분야

선호하는 직업	종교교육 지도자, 순수 예술가, 성직자, 의사, 교사(인문학), 상담사, 대학교수, 행정가(보건위생), 홍보 담당자, 사회사업가, 연구 보조원, 사회과학자, 교사(유치원), 심리학자, 가정경제 전문가, 경영분석 컨설턴트, 약사, 노무관계자, 의료보조사
덜 선호하는 직업	현장 감독관, 조사연구원, 아동보육사, 관리직, 농부, 판매관리자, 경찰, 도시행정가, 대중교통기사, 교정원

▣ INTJ

흥미를 갖는 분야: 깊은 집중력, 가능성에 대한 파악 능력, 논리와 분석, 조직화하는 능력 등이 활용되는 직업 분야. 오랫동안 혼자 집중하고 강한 정신력으로 분석하는 것을 요구하는 학술, 과학, 이론, 공학 등의 분야

선호하는 직업	건축가, 변호사, 컴퓨터 전문가, 관리자, 경영 컨설턴트, 인력자원 관리자, 과학자, 연구 종사자, 사회봉사 종사자, 엔지니어, 컴퓨터 프로그래머, 시스템 분석가, 사진사, 교수, 심리학자, 배우, 교장, 예술가, 편집자, 디자이너
덜 선호하는 직업	요식업 서비스, 가게주인, 점원, 접수계원, 회계원, 보조교사, 간호 조무사, 경찰관, 타자수, 구매대리인, 건강 서비스업

▣ ISTP

흥미를 갖는 분야: 깊은 집중력, 사실에 근거한 확신, 논리와 분석력, 적응력이 활용되는 직업분야. 강인한 분석력과 현실적 접근이 요구되는 분야

선호하는 직업	농부, 군인, 공학 기술자, 운송기사, 치위생사, 기계공, 법률 비서, 청소 서비스업, 조사연구원, 교정원, 요리사, 변호사, 법률 집행관, 도시개발 기술자, 컴퓨터 전문가, 물리치료사, 엔지니어, 회계사, 행정가, 시스템 분석가
덜 선호하는 직업	형사, 종교교육 지도자, 배우, 연구보조원, 간호사, 치과의사, 접수계원, 예술가, 상담사, 성직자

▣ ISFP

흥미를 갖는 분야: 깊은 집중력, 사실에 근거한 신뢰, 따뜻함과 동정심, 적응력이 활용되는 직업분야. 사람에 대한 직접적이고 실제적인 도움이 요구되거나 실제적인 세부작업을 요구하는 분야. 현실에 기반을 두고 깊이 있게 감정을 느끼며 인간적으로 접근하여 실제적으로 타인을 도울 수 있는 분야

선호하는 직업	가게주인, 점원, 조사 연구원, 사무관리자, 치과보조사, 경리직원, 기계조작원, 형사, 목수, 물리치료사, 법률비서, 상담사, 의료보조사, 타자수, 경찰관, 요식업 서비스, 가사 도우미, 간호보조사, 비서, 전기기술자, 언론매체 전문가
덜 선호하는 직업	학생지도 관리자, 엔지니어, 치위생사, 배우, 연구보조원, 성직자, 판사, 행정관리자, 건축가, 예술가

▣ INFP

흥미를 갖는 분야: 깊은 집중력, 가능성을 포착하는 능력, 신뢰, 따뜻함과 공감력, 적응력이 활용되는 직업분야. 창의력과 의사소통 능력을 발휘할 수 있고 타인의 성장과 발전을 촉진하고 조력할 수 있는 분야

선호하는 직업	예술가, 정신과의사, 상담사, 건축가, 편집자, 연구보조원, 언론인, 심리학사, 사회과학자, 작가, 디자이너, 의사, 외국어 교사, 성직자, 교육 행정가, 조사 연구원, 엔지니어, 연구직 종사자, 요리사, 배우
덜 선호하는 직업	형사, 사회사업가, 행정관리자, 판매관리자, 경영컨설턴트, 중소기업 경영자, 지방공공사업관리자, 공무원, 가게주인, 점원. 교도관

▣ INTP

흥미를 갖는 분야: 깊은 집중력, 가능성을 포착하는 능력, 신뢰, 논리와 분석, 적응력이 활용되는 직업분야. 오랫동안 혼자 집중하고 강한 정신력으로 분석하는 것을 요구하는 학술, 과학, 이론, 공학 등의 분야. 아이디어에 대한 관심, 원리와 해석

에 대한 호기심으로 인해, 추상적 주제에 대해 깊이 있는 이해를 요구하는 분야

선호하는 직업	화학자, 컴퓨터전문가, 건축가, 연구보조원, 예술가, 컴퓨터 프로그래머, 법률가, 요식업 서비스, 조사연구원, 행정관리자, 사회과학자, 심리학자, 사진사, 배우, 약사, 편집자, 판사, 자영업자, 상담사, 의사
덜 선호하는 직업	종교교육 지도자, 성직자, 교도관, 군인, 타자수, 교사보조, 헤어 디자이너, 건강교육지도자, 마케팅전문가, 판매관리자

▣ ESTP

흥미를 갖는 분야: 다양한 관심사, 사실에 근거한 신뢰, 논리와 분석력, 조직화하는 능력을 활용하는 직업분야. 활동적이고 현실적이며 실제적인 접근을 요구하는 분야

선호하는 직업	마케팅전문가, 형사, 목수, 중소기업관리자, 경찰관, 회계감사원, 기능직 종사자, 농부, 가게주인, 점원, 경호원, 행정관리자, 사회복지사, 편집자 및 리포터, 자영업자, 은행원, 검안가, 약사, 컴퓨터 프로그래머, 언론인, 엔지니어
덜 선호하는 직업	종교교육 지도자, 학생 관리자, 교육 컨설턴트, 사진사, 치과위생사, 요식업자, 화학자, 간호사, 유치원 교사, 사무관리자

▣ ESFP

흥미를 갖는 분야: 다양한 관심사, 사실에 근거한 신뢰, 따뜻함과 공감력, 적응력을 활용하는 직업분야. 간호, 가르치는 것, 아동보호와 같은 적극적으로 건강과 인간을 조력하는 분야

선호하는 직업	아동 보육사, 운송업 종사자, 현장 감독관, 회계원, 디자이너, 타자수, 구조원, 유치원교사, 학생지도 교사, 가게주인, 점원, 경리직원, 의료비서, 사무원, 보험대리인, 간호보조원, 치위생사, 목수, 영업사원, 경찰관, 헤어디자이너
덜 선호하는 직업	종교교육 지도자, 교도관, 행정관리자, 컴퓨터 전문가, 성직자, 회계사, 영어교사, 신용조사관, 정신과 의사, 경영 컨설턴트

▣ ENFP

흥미를 갖는 분야: 다양한 관심사, 가능성에 대한 파악 능력, 따뜻함과 공감력, 적응력을 발휘하는 직업 분야. 사람들과 함께 일하고 그 사람들의 성장을 촉진할 수 있는 능력이 필요한 직업, 말이나 글로 의사소통과 표현하는 기술을 필요로 하는 분야

선호하는 직업	언론인, 당담가, 교사: 예체능, 연구보조원, 심리학자, 종교교육 지도자, 성직자, 작가, 음악가, 사회과학자, 예술가, 연예인, 배우, 회계원, 요식업자, 편집자, 변호사, 사회복지사, 보험 대리인, 관리직원
덜 선호하는 직업	농부, 판매 관리자, 도시 개발기술자, 경영 컨설턴트, 엔지니어, 교정직 종사자, 경호원, 중소기업 관리자, 광부, 운송 기사

▣ ENTP

흥미를 갖는 분야: 폭넓은 관심, 가능성에 대한 파악 능력, 논리와 분석을 사용하고 적응력을 발휘할 수 있는 직업 분야. 관심의 다양성으로 다양한 분야에 관심이 많으며 특히 혁신적이고 분석적인 사고를 사용할 수 있는 분야에 관심이 많음. 추상적인 것이 편하고 창조성과 문제해결 능력이 요구되는 과학, 의사소통, 기술공학 분야

선호하는 직업	사진사, 마케팅 전문가, 언론인, 배우, 컴퓨터 시스템 분석가, 신용조사관, 엔지니어, 의사, 건축가, 연구원, 법률가, 컴퓨터 프로그래머, 판매관리자, 아동보육사, 작가, 과학자, 부동산 중계인, 심리학자, 상담가, 전기 기술자
덜 선호하는 직업	형사, 현장 감독관, 교정직, 예술가, 성직자, 사회복지 사업가, 도서관 직원, 치과의사, 검안사, 교장

▣ ESTJ

흥미를 갖는 분야: 폭넓은 관심, 사실에 근거한 신뢰, 논리와 분석력의 사용, 조직

화하는 능력이 발휘되는 직업분야. 리더십과 방향성을 제시할 수 있고 강인한 의지와 사실 중심적이고 목표 지향적인 분석이 요구되는 분야

선호하는 직업	관리자, 구매담당원, 교사, 경찰관, 판매 관리자, 교정직, 공공서비스 종사자, 보험대리인, 사회 봉사자, 형사, 농부, 법률 시행관, 회계사, 엔지니어, 은행원, 군인, 회계 감독원, 요리사, 가게주인, 점원, 기능공
덜 선호하는 직업	편집장, 예술가, 성직자, 물리치료사, 연구보조원, 심리학자, 사회과학자, 상담사, 디자이너, 아동 보육 종사자

▣ ESFJ

홍미를 갖는 분야: 폭넓은 관심, 사실에 근거한 신뢰, 따뜻함과 동정심, 조직화하는 능력이 활용되는 직업분야. 의사소통이 많고 애정 어린 돌봄이나 배려, 가르치는 것과 정신적인 것을 추구하는 인간지향적인 분야

선호하는 직업	교사, 접수계원, 헤어디자이너, 요식업 서비스, 행정가, 경제학자, 성직자, 사무관리자, 보조교사, 보건 종사자, 회계원, 개인 가정 도우미, 간호 조무사, 사무기기 조작원, 개인서비스업, 경호원, 현장 감독관, 검안사, 사회복지사, 형사
덜 선호하는 직업	배우, 경영 컨설턴트, 컴퓨터 전문가, 변호사, 연구 보조원, 예술가, 심리학자, 과학자, 회계감사원, 편집자

▣ ENFJ

흥미를 갖는 분야: 폭넓은 관심과 가능성을 포착하는 능력, 따뜻함과 공감력, 조직화하는 능력이 활용되는 직업분야. 표현을 요구하며 사람들의 정서적, 지적, 영적 개발에 대한 관심을 요구하는 분야

선호하는 직업	종교교육 지도자, 성직자, 교사, 배우, 상담사, 예술가, 검안가, 음악가, 연예인, 디자이너, 작가, 언론인, 마케팅전문가, 행정가, 약사, 심리학자, 요식업자, 사회과학자, 홍보 관련직, 약사
덜 선호하는 직업	농부, 사회복지사, 중소기업 관리자, 관리자, 경찰관, 구매 대리인, 군인, 의료보조원, 레스트랑 종업원, 현장 감독관

▣ ENTJ

흥미를 갖는 분야: 폭넓은 관심과 가능성을 포착하는 능력, 논리와 분석을 사용하고 구조화하는 능력을 발휘할 수 있는 직업분야. 추진력, 리더십, 혁신, 의지적인 분석이 요구되는 분야

선호하는 직업	경영 컨설턴트, 변호사, 인력자원 관리자, 컴퓨터 분석가, 판매 관리자, 관리자, 신용조사관, 마케팅 전문가, 인사 관련 활동가, 행정가, 연구보조원, 심리학자, 사회과학자, 사회복지 종사자, 자영업자, 과학자, 배우, 회계감사원, 치과의사, 디자이너
덜 선호하는 직업	형사, 종교교육의 지도자, 현장 감독원, 사무 관리자, 경호원, 타자수, 물리 치료사, 회계원, 성직자, 언론인

3) Big Five 성격 요인

성격의 구성요소에 대해서 학자마다 이견이 존재하지만, 널리 적용되고 있는 성격모형으로 골드버그(Goldberg, 1983)의 Big Five 이론이 있다. 이 이론은 개인의 성격은 신경증, 외향성, 개방성, 친화성 그리고 성실성 등 5가지 차원으로 구성되어 있다고 제시하고 있고, 각 성격은 서로 독립적으로 기능하는 것이 아닌 상호 영향력을 보유하고 있다고 간주하고 있다.

■ 성격 5요인 모형

성격 5요인 모형은 심리학자 올포트와 카텔(Cattell), 아이젱크(Eysenc) 등의 특질 이론을 바탕으로 이루어졌으며, 개인의 성격 차이는 성격의 요소가 연속된 차원의 어디에 위치하느냐에 따라 결정되고 개인의 성격과 개인 간 성격 차이는 다음의 다섯 가지 요인으로 구성되어 있다고 보고 있다.

(1) 신경증(Neuroticism: N)

정서적 안정성을 반영하는 요인으로, 일상생활에서 경험하게 되는 어려움, 고통에 대한 적응 여부를 의미한다. 불안, 슬픔, 비합리성, 긴장감 등을 포함하는 광범위한 부정적 감정이 특징이며, 우울증, 불안, 충동성, 적개심, 자의식, 스트레스에 대한 취약성 등을 하위요인으로 포함하는 개념이다. 신경증 성향이 높은 경우 불안하고 자신이 없으며 건강에 대해 염려하기 쉽다. 반대로 신경증 성향이 낮은 경우, 차분하고 편안하며, 감정적이지 않고 강인하며, 상황에 적응적으로 대처한다.

(2) 외향성(Extraversion: E)

대인관계적인 요인으로, 타인과 만났을 때 무엇을 하는지, 어떻게 하는지와 관련되는 요인이다. 온정, 군집, 리더십, 활동성, 자극추구, 명량 등 6가지 하위요인을 포함하는 개념으로, 외향성이 높은 경우 사교적이며 활동적이고, 사람 중심적이며 낙관적인 반면, 외향성이 낮은 경우 과묵하고 냉철하고 활기가 없으며, 과제 중심적이고 조용하다.

(3) 개방성(Openness: O)

경험에 대한 개방성을 나타내는 요인이며, 능동적으로 새로운 경험을 추구하고 즐기는 성향과 익숙하지 않은 것에 대한 관용을 나타낸다. 상상, 심미, 감수성, 신기, 지성, 가치 등 6가지 하위요인으로 구성되어 있으며, 개방성이 높은 경우 호기심이 많고 창의적이며, 상상력이 풍부하다. 반면 개방성이 낮을 경우 관습적, 실제적이며, 분석적이지 않은 특징을 보인다.

(4) 우호성(Agreeableness: A)

생각, 감정 및 행동에서 나타나는 대인관계 지향적 특성을 나타내는 요인으로,

신뢰, 정직, 이타, 협동, 겸손, 동정 등 6가지 하위요인으로 구성되어 있다. 우호성이 높은 경우 상냥하고 온화하고 타인을 신뢰하며, 타인에게 친절하고 솔직한 반면, 우호성이 낮은 경우 냉소적이고 무례하고 비협조적이며, 무자비하고 짜증을 잘 낸다.

(5) 성실성(Conscientiousness: C)

개인의 체계성, 끈기, 목표에 대한 행동의 동기 수준을 나타내는 요인으로, 유능감, 정돈, 책임, 성취지향, 자율, 신중의 6가지 하위요인으로 구성되어 있다. 성실성이 높은 경우 열심히 노력하고 시간을 잘 지키고 신뢰할 수 있으며, 꼼꼼하고 인내심이 강한 반면, 성실성이 낮을 경우 목적이 없고 해이하고 신뢰할 수 없으며, 의지가 박약하다.

이 외에 성격진단검사로 사용할 수 있는 도구로 중앙적성연구소의 표준화성격진단 검사와 연우심리개발원의 U&I (학습)성격유형검사, 마음사랑의 MMPI-II(다면적인성검사)나 MMPI-A 등이 있다. 이 도구들은 성격 특성을 과학적으로 측정 및 평가하여 객관적인 자기이해뿐만 아니라, 진로 및 학습, 교정, 지도, 치료 등에 도움이 되는 기초 자료를 제공하고 있다.

워크시트 여행을 떠나요

◈ 자신과 같은 성격유형의 팀원들과 여행을 한다고 가정해 보자. 여행의 목적과 여행지, 경비는 자유이며, 일정은 2박 3일이다. 팀원들과 의논하여 1. 여행지 2. 여행목적, 3. 여행일정, 4. 소요경비 등 여행계획을 구체적으로 작성해 보자.

워크시트 MBTI 결과를 토대로 자신의 성격 장단점과 선호직업을 정리해 보자.

◈ 성격특성분석을 토대로 자신의 장단점을 쓰시오.	
나의 성격유형	
성격의 장점	
성격의 장점이 사용된 경험	– 상황과 과제, 취한 행동 및 결과에 대해 구체적으로 기술해 보시오.
성격의 단점	
극복 노력	

◈ 자신이 희망하는 직업과 성격유형에 적합한 직업에 대해 쓰시오.	
희망하는 직업	
주 기능, 부 기능 3차 기능, 열등 기능	
성격유형에 적합한 직업	

Chapter 06

종합적 자기이해

06 Chapter 종합적 자기이해

학습목표

1. 자기진단 종합평가를 실시한다.
2. 자기진단 보고서를 작성한다.

1. 자기진단 종합평가

다양한 자기진단 활동 수행 결과를 통합하여 종합평가를 실시해 볼 수 있다. 종합평가를 통해 자기진단 활동에 대한 자신의 느낌과 생각을 일목요연하게 정리해 볼 수 있다. 이와 같은 과정은 자신에 대하여 지금까지 막연하게 알고 있었던 사항들을 종합적으로 정리할 수 있는 계기가 될 것이다. 또한 자신에 대한 느낌에 대해 신중하게 되짚어 보면서 명확한 해석을 내릴 수 있도록 시도해 볼 수 있다.

자기진단 종합평가 결과를 서면으로 작성하게 되면 스스로를 객관적으로 바라보며 감정적 거리두기를 통해 냉정하게 자신을 볼 수 있다. 이러한 결과를 다른 사람들에게 보여 주고 나에 대해 어떻게 생각하고 있는지 그들이 내린 평가 결과와 비교해 볼 수 있다. 가족, 동료, 지인, 배우자 등과 같은 가까운 주변인들로부터 종합평가 결과 확인을 부탁하여 이에 대한 동의를 구할 수 있으며 차이점에 대해 논의해 볼 수 있다. 이와 같은 후속 과정을 거치는 동안 스스로에게 도움이 되는 피드백을 받아볼 수 있다.

서면을 통한 자기진단 종합평가의 결과는 향후 자신의 변화를 시간의 흐름에 따라 살펴볼 수 있는 유용한 자료로 활용된다. 현재 작성된 자기진단 종합평가의 결과와 5년 후, 10년 후 결과를 비교해 봄으로써 자신이 얼마나 성장 발전하고 있는지 비교해 볼 수 있다. 뿐만 아니라 자신에 대한 서면평가 결과를 작성하는 과정을 통해 스스로를 대상으로 한 논리적 전개와 표현 능력을 크게 향상시킬 수 있다. 대개 자신에 대한 설명이나 표현을 하는 과정에서 객관적 사실에 따르는 것이 아니라 논리적 비약을 하는 경우가 많다. 따라서 다양한 자기진단 활동을 통해 자신에 대하여 도출된 여러 종류의 객관적인 자료들을 근거로 하여 종합평가를 내리는 과정에서 논리적으로 추론하는 능력을 보유하기 위한 연습을 해 보면 좋다.

2. 자기진단 종합평가의 절차와 내용

1) 자기진단 종합평가의 절차

첫째, 자기진단 활동 결과를 확인하면서 객관적으로 작성된 결과를 면밀히 검토해 본 후, 자신의 특성을 잘 나타내는 주제(theme)를 만들어 본다. 주제들을 모아서 "나는 누구인가?"의 질문에 대한 결론으로 구성할 수 있는지 확인해 본다. 주제의 구체적인 예에는 '현재보다 미래를 더 중요하게 생각한다.', '무엇이든 지치지 않고 열심히 한다.', '일을 자주 미루며 게으르다' 등이 있다.

둘째, 주제를 잘 표현해 주는 이름(label)을 붙인다. 이름의 구체적인 예에는 '미래지향적', '열정적인', '게으른' 등이 있다.

셋째, 주제를 살펴보면서 자기진단 활동 결과와의 관련성을 재검토해 본 후, 필요한 경우 이름을 수정할 수 있다. 이때 유의할 사항으로는 여러 주제의 토대가 되는 자기진단 활동의 결과들 간에 서로 반대가 되는 것처럼 보이는 것이 있는지 살펴보아야 한다. 이러한 경우에는 비교적 일관성을 크게 보이는 자료를 중심으로 주제의 이름을 정하고, 반대가 되는 것처럼 보이는 자료에 대해서도 관심을 갖고 해석해 보아야 한다. 구체적인 예에는 '열정적인'과 '게으른'이 반대가 되는 것으로 보이지만 '일을 자주 미루며 게으른' 특성은 일을 완벽하게 잘 해내기 위한 성향으로 인해 나타나는 특성 중 하나로도 볼 수 있으므로 '완벽주의 성향의'로 이름을 변경할 수 있다.

넷째, 주제와 이름을 정하고 나서 그 결과를 다른 사람에게 보여 주고 확인받은 후 함께 논의해 본다. 이러한 과정을 통해 주제와 이름을 통해 도출한 작성 결과에서 미흡한 부분이 발견될 수 있다. 미흡한 부분을 보완하고 주제와 이름을 수정하는 기회를 거치게 되면 자기진단 종합평가를 보다 충실하게 마무리할 수 있다.

2) 자기진단 종합평가의 내용

자기진단 종합평가에서는 자신의 특성을 요약적으로 나타내는 '주제'와 '주제의 이름'을 도출하는 과정이 가장 중요하다. 이를 위해서는 정확성과 중요성의 두 가지 기준을 적용하는 것이 좋다. 또한 자기진단 종합평가 결과를 서면 보고서로 작성할 때에는 서론, 본론, 결론을 포함한 논리적인 형식을 갖추는 것이 바람직하다. 이와 같이 작성된 보고서는 좀 더 다듬어 자기소개서로 활용할 수도 있다.

– 서론: 자기진단 종합평가를 하게 된 배경, 목적, 작성한 날짜 작성

– 본론

1) 자기진단 활동을 통해 나타난 자신의 특성을 드러내는 주제의 이름

※ 작성 시 유의점: 주제의 이름은 15개 이상 25개 이하가 가장 적절하다. 주제의 이름이 15개 미만이면 자기진단 활동이 충분히 이루어지지 못한 것이고, 25개를 넘으면 자료 정리가 덜 된 것으로 볼 수 있다. 이러한 경우에는 자료 분석을 다시 실시하여 신중하게 결과를 재검토해 보아야 한다.

2) 자기진단 활동에 포함되지 않았으나 자신을 설명하는 중요한 부분에 대한 언급

※ 작성 시 유의점: 제시된 주제가 정확하고 중요한지의 관점에서 판단해 본다. 특정 주제의 근거가 되는 자기진단 활동의 객관적 자료가 충분하지를 확인해 보고, 주제에 무리가 있는 것은 아닌지 상반되는 자료도 동시에 검토하여 정확성을 확인할 수 있다. 또한 근거가 되는 자기진단 활동 결과의 분량이 충분히 많은지 검토함으로써 중요성을 확인할 수 있다.

– 결론: 주제의 이름이 중요성을 갖는지, 얼마나 정확하다고 생각되는지에 대한 자신의 의견, 미래에 대한 확신과 포부 제시

자기진단 보고서 샘플 1

진로직업 설계 관점에서 다양한 진단 도구를 활용하여 나는 누구인가에 대한 분석을 하는 것은 의미 있는 활동이다. 즉, 자기진단을 통해 자신의 살아온 시간과 하루 일과를 확인해 봄으로써 가치관, 소질, 능력 등에 대해서 명확히 할 수 있게 된다. 자기 분석의 결과를 통해 향후 진로와 직업을 설계하여 나의 꿈을 찾아 행복한 삶을 살아가는 데 도움을 받을 수 있을 것이다. 2022년 자기진단 종합평가를 통해 작성한 내용은 다음과 같다.

첫째, 나의 대인관계에 대해 알아보기 위해 대인관계 스타일을 조사할 수 있다. 나의 현재 모습과 이상적인 모습에 대한 조사 결과, 지인 2인을 대상으로 조사한 결과의 평균치를 통해 내용을 요약해 볼 수 있다. 나는 타인에게 인정을 받으려 하고, 쾌활하며, 포용성이 있는 특성을 지니고 있음을 알 수 있다.

둘째, 나의 직업흥미도를 알아보기 위해 홀랜드의 모형에 따른 직업 예시에 적합한 것을 선정할 수 있다. 나는 대학교수, 변호사, 신문기자와 같은 장래 희망을 어린 시절에 갖고 있었는데 현재 직업과 어느 정도 연관성이 나타나는 것으로 보인다.

셋째, 나의 생활양식을 조사함으로써 나의 전체적 생활양식을 파악하여 직업선택과의 관련성을 유추할 수 있다. 나의 과거와 현재의 생활양식은 나의 태도와 가치를 반영한다는 점에서 중요한 자료를 제공한다. 나는 직장인으로서의 생활, 가정에서의 역할, 여가 생활의 세 부분으로 이루어진 생활을 하고 있는 것으로 보인다. 직장인으로서 의무적인 시간을 할애하고 가정 내 역할을 수행하기 위한 일정 시간을 할애한다. 그러면서 스트레스 해소와 재충전을 위해 여가를 위한 시간을 약간 활용하고 있다.

이와 같은 자기진단 도구 및 방법을 활용하여 자신에 대한 분석을 해 본 결과를 다음과 같이 요약할 수 있다. 나는 미래지향적인 특성을 지니고 있다. 나는 현재의 행복도 중요하지만 자아실현을 위해 지속적으로 노력하고 탐구하는 시간을 투자하고 있다. 나는 전문가로서 인정받고자 하는 특성을 지니고 있다. 나의 분석력과 글쓰기

역량을 지속적으로 개발하여 나의 전공 영역에서 두각을 나타내고자 하는 장래의 희망을 잊지 않고 살아가고 있다. 나는 타인과 깊은 감정을 공유하고자 하는 특성을 지니고 있다. 소수의 친한 친구, 배우자, 가족들과 슬픔과 기쁨을 공유하며 정서적으로 안정되고자 하며 형식적인 관계를 유지해서는 만족에 도달하지 못한다는 것을 분명히 알고 있다.

미래지향적이고 타인과 유대감을 추구하는 생활양식을 통해 나는 현재 모습에서 가치롭다고 생각하는 자아실현을 위한 역량을 개발함으로써, 향후 나의 직업 영역에서 전문가로 인정받기 위해 노력하며 행복한 삶을 살기 위해 노력할 준비가 되어 있다고 생각한다.

➜ **피드백:** 자기진단 보고서를 통해 자신의 특성을 충분히 도출하였습니다. 장점을 살리고 단점을 보완해 가며서 자신이 원하는 모습에 도달하는 기쁨을 누리길 응원할게요.

자기진단 보고서 샘플 2

진로 작업 설계 과정에서 다양한 진단 도구를 활용하여 '나는 누구인가'에 대한 분석을 하는 것은 의미 있는 활동이다. 이런 활동을 통해서 직업에 대한 흥미도, 가치관, 나의 강점, 이미지에 대해서 알 수 있는 시간이었다. 아직 끝나지 않았지만 2022년도 1학기 자기진단과 진로탐색 강의를 통해 내가 몰랐던 나에 대해서, 내가 꿈꾸고 있는 진로에 대해서 더 알아갈 수 있는 시간이 되었다.

첫째, 직업흥미도 검사를 통해 나의 직업흥미도를 알아볼 수 있었다. 건축가, 배우, 사진작가, 실내 장식가, 마케팅 책임자의 직업을 선택하게 되었다. 내가 희망하고 있는 직업의 유형과 특징이 거의 맞게 결과가 나왔다.

둘째, 나의 가치관 조사를 통해 영역 중요도와 가치 중요도를 알 수 있었다. 조사한 결과, 나는 사회적, 감정적, 신체적, 물질적 순으로 나의 영역 중요도가 나눠졌다. 그중에 가장 우선 순위였던 사회적 영역 중 가장 중요하게 생각했던 가치는 일을 끝마침과 옆사람보다 뛰어난 것이었다. 결과를 통해 내가 그동안 생각했던 가치관이 똑같이 드러났다.

셋째, 나의 강점이 무엇인지 알기 위해 '강점나무 만들기' 활동을 했다. 활동한 결과, 심미안, 유머감각, 열정, 학구열, 친절, 겸손, 끈기 등 다양한 강점이 있었다. 그중 유머 감각이 있고 열정이 많은 사람이다. 그리고 아름다움을 즐길 줄 아는 감정이 발달한 사람으로 이 세 가지의 강점이 가장 발달했다. 또한 학구열이 높으며 친절과 겸손을 가지고 끈기 있게 모든 일을 끝까지 하는 성격을 가졌다. 이 결과와 대인관계 스타일에서 나왔던 결과를 연관 지어 생각해 봤다. 대부분 비슷한 방향으로 결과가 나와서 나의 가치관과 성격, 강점이 어떤지 알 수 있었다. 이러한 강점들을 살려서 내가 가고자 하는 진로를 더 확실하고 명확하게 결정할 수 있을 것 같다. 활동을 통해 나에 대해서 알아보게 되었는데 나는 뭐든지 열정적이고 사회적인 특성을 지닌 사람인 것 같다. 나의 전공에서도 내가 중요하게 생각하는 가치를 가지고 최선을 다하려는 태도가 드러나는 것 같다. 내가 가고자 하는 진로에 대해서 계속해서 배우고 타인에게 인정받으며 미래에는 노력에 대한 보상을 받으며 살아가고 싶은 마음을 가졌다. 따라서 이런 꿈을 위해 노력하고 내 진로에 대해서 중요하게 생각하는 가치관이 뚜렷하다.

이러한 활동을 함으로써 나의 진로에 대해 정리해 보면서 나의 강점과 특성을 알 수 있었다. 나는 연기를 전공하면서 혼자 연습하고 혼자서 해결하면서 사회성을 가지고 있어서 내 전공에서도 어느 정도 도움이 된다. 나는 다른 사람에게 인정받으려고 하지만 다른 사람들에게 도움이 될 수 있도록 내가 도와주고 대화 시 상대방의 말을 잘 들어준다. 그래서 연기를 할 때 상대방이 이해하지 못할 경우 내가 이해할 수 있도록 도와주고 상대방의 의견을 잘 들어준다.

나의 진로를 위해 나의 강점들과 특성, 가치관을 잘 이용하면 내가 원하는 진로 방향을 더 명확하게 정할 수 있을 것 같다.

➜ **피드백:** 자기진단 보고서에 자신의 특성을 충분히 포함하여 설명하였습니다. 자신이 원하는 모습에 도달할 수 있도록 멋진 대학생활 만들어 나가길 응원할게요.

자기진단 보고서 샘플 3

자기진단과 진로탐색이라는 과목에서 여러 활동을 하면서 나에 대해 좀 더 깊이 알아가는 시간을 가졌고 또 지나쳤던 나를 알았고 나는 이런 사람도 되고 싶구나를 알았다. 학창시절에 진로 시간이라는 교과목 시간에도 이런 비슷한 활동지를 했던 기억을 떠오르게 되었고 예전과 지금의 나를 보면 달라진 건 많이 없는 것 같다. 하지만 나의 가치관이나 목표는 전보다 더 뚜렷해진 것으로 나왔다.

첫째, 성격 강점 검사에서는 유머감각, 열정이 가장 뛰어났고 개방성 있는 사람으로 나왔다. 또한 친절하고 인간애가 넘치며 용기가 있고 끈기 있고 절제적이고 겸손한 사람으로 나왔다.
이 중에서 유머 있고 열정 넘치는 사람은 나를 잘 표현한 것 같다. 말을 할 때 재미가 너무 없으면 대화를 잘 이어 나가지 못 하니깐 어느 정도 유머감각은 필수라고 생각하기 때문이다. 또한 열정은 모든 일에 항상 열정적으로 최선을 다한다는 뜻이다. 일을 하면서 어느 정도의 열정이 있어야 스트레스 안 받고 열심히 잘 끝낼 수 있기 때문이다. 친절함과 겸손은 같이 따라붙어야 한다. 친절은 은혜를 베푸는 행동 중 하나이다.

둘째, 직업흥미도 검사에서는 만화가, 배우, 사진작가를 체크했고 가장 많은 줄이 A예술형이였다. 예술적, 개혁적, 직관적인 능력을 가진 사람들로 구조화되지 않은 상황에서 일하기를 좋아하고 상상력과 창의력을 지니고 있다고 나와 있다. 아직 완전히 예술형에 적합한 사람인지는 잘 모르겠지만 예술의 길로 가는 중인 나로썬 뿌듯하고 기쁜 결과였다. 반면 진취형, 관습형은 아무것도 체크하지 않았다.

셋째, 가치관 조사에서는 재정적, 신체적, 물질적, 영적, 여가활동적, 사회봉사적 특성을 가장 중요하게 여기는 것으로 나왔다. 재정적에서는 능력 있고 사람들을 가르치고 옆 사람을 지휘하는 사람이 중요하다고 적었다. 나는 이런 사람이 되고 싶다는 생각을 가지고 있었나 보다. 신체적으로는 옆 사람보다 뛰어나고 빨리 움직이고 매일 활동에 변화를 주고 한 가지에 집중함을 중요하다고 적었다. 이 두 가지 영역을 보면 능력 있고 발 빠르고 가르치는 사람이 되고 싶어 하는 것을 알 수가 있었다.

앞의 여러 가지 활동을 하면서 느낀 건 나의 본모습과 겉모습이 다르고 또 다른 내면의 깨닫지 못 했던 여러 가지 가치관들을 가지고 있었던 것이다. 여러 가지 활동을 하면서 나는 이런 사람이구나 이런 생각을 가졌고 이렇게 행동했고 이런 사람이 되고 싶구나를 느꼈다.

➜ **피드백:** 자신에 대한 특성 발견을 통해 자기진단 보고서를 잘 작성했으나, 특성 여러 개를 연결하여 자신에 대한 "주제"를 발견하는 것도 좋습니다.

자기진단 보고서 샘플 4

자기진단과 진로탐색 과목을 통해서 나에 대해 잘 몰랐던 점에 대해 구체적으로 알게 되었다. 나에 대해 더 알아감으로써 나랑 더 친해질 수 있었던 계기가 된 수업이라고 생각한다. 나도 모르게 흥미를 느끼고 있던 직업이나 내 성격의 장점과 강점에 대해 알 수 있었던 뜻 깊은 활동이었다.

첫 번째로, 직업흥미도 검사 활동을 통해 내가 원하는 직업과 내 성향에 잘 맞는 직업에 대해 구체적으로 알게 되었다. 이 활동에서 나는 만화가, 사진작가, 진로 상담가, 여행사 직원을 원하는 직업으로 선택했다. 선택결과 나의 직업흥미도 검사 결과는 A형으로 결과가 나왔다. A형의 특징은 예술형으로 예술적이며 직관적인 능력으로 가진 사람으로 구조화되지 않은 상황에서 일을 하기 좋아하고 상상과 창의력을 가지고 있다는 결과가 나왔다. 나는 A형으로 나온 나의 직업흥미도 검사가 나와 잘 맞는 결과라고 생각했다. 실제로 주변에서 창의력과 상상력이 풍부하다고 자주 들어왔기 때문이다. 내 전공이 방송영상학과인 만큼 나는 A형에 알맞은 학과를 선택한 거 같아 기분이 좋았다.

두 번째로, 성격장점 검사와 성격강점 나무 만들기 활동이다. 나의 성격강점 검사를 통해 평소 내가 알고 있던 나의 성격에 대해 구제적으로 알게 되었고 내가 몰랐던 나의 성격에 대해도 새롭게 발견하게 되는 계기가 된 활동이었다. 성격강점 검사 체크리스트 활동을 할 때 최대한 보통이다라는 항목에 체크하지 않도록 해서 확실하게 결과가 나오도록 노력했다. 나의 덕목과 강점들을 통해 내 성격이 주변 사람들을 잘 챙기고 친절하며 베풀 줄 아는 사람이고, 재밌는 유머감각을 지닌 사람이라는 점을 알게 되었다. 성격강점 검사 활동이 아니라면 모르고 넘어갔을 내 매력과 성격을 짚고 넘어가게 되어 나에 대해 자존감이 더 높아진 활동이었다. 또한 성격강점 나무 만들기 활동으로 오랜만에 펜을 잡고 그림을 그려봤으며 평소라면 절대 하지 않았을 행동이라 나의 유년시절이 생각나게 해 주는 활동이었다. 성격강점 나무를 완성하고 보니 그림으로 한눈에 내 성격을 알아볼 수 있어서 좋았다.

세 번째로, 내적 외적 이미지 분석 활동이다. 나는 결과적으로 외적 이미지가 내적 이미지보다 높은 숫자로 나타났다. 외적으로 자신을 꾸미는 것을 좋아하고 평소 잘 웃는 편이며 사람들 앞에 나서는 것이 두렵지 않다는 결과가 나왔다. 반면 내적으로는 자기를 사랑하며 사람들을 만나는 것이 즐겁고 미래 성공 이미지를 자주 그린다는 결과가 나왔다.

이렇게 내가 한 학기 동안 활동하고 배운 자기진단 활동을 통해 내 성격의 장단점과 새로운 점에 대해 알게 되었다. 나는 앞으로도 내 성격의 장점들을 잘 활용하여 인생에서 즐거운 일들을 많이 만들고 재밌는 인생을 살아가고 싶다.

→ **피드백:** 자신에 대한 특성을 더 추가했으면 좋겠습니다. 자기진단 활동 결과를 참조하여 수정해 보세요.

자기진단 보고서 샘플 5

자기진단과 진로탐색이라는 수업을 들으면서 '나는 누구인가?'에 대하여 조금 더 생각해 볼 수 있는 계기가 되었다. 실습 활동들을 통해서 내가 알지 못했던 나의 모습에 대해 하나씩 알아갈 수 있는 시간을 가졌다. 나에 대해 알아간다는 것이 흥미로웠고 도움이 많이 되었다.

첫째, 직업흥미도 검사를 했다. 이 검사를 통하여 내가 어떠한 직업에 흥미가 있고, 어떠한 직업이 나와 잘 맞는지에 대하여 알 수 있었다. 내가 원하는 직업으로는 레크리에이션 강사, 배우, 예능 교사 등을 선택했고 결과는 예술형(A)으로 나왔다. 예술형(A)형은 예술적이고 개혁적이며 직관적인 능력을 가진 사람들로 구조화되지 않은 상황에서 일하기를 좋아하고, 상상력과 창의력을 지니고 있다는 특징이 있었다. 이러한 특징들을 보며 나와 잘 맞는 것 같아서 신기하기도 했고, 내가 하고 있는 것들을 더 열심히 해야겠다고 생각했다.

둘째, 성격강점검사를 했다. 이 검사에서의 나는 대인관계 지능과 용서, 사랑, 시민의식, 개방성이 높게 나왔다. 나는 이러한 결과를 통해 대인관계 지능과 사랑은 다른 사람들과 좋은 관계를 유지할 수 있는 강점이 있다고 생각했고, 시민의식은 맡은 일에 최선을 다한다는 강점, 용서는 긍정적인 마음, 개방성은 틀린 것은 인정하고 새로운 것들에 대하여 열심히 배운다는 강점이 있다고 생각했다.

셋째, 가치관 조사를 했다. 이 검사를 하면서 나의 가치 중요도 순위와 영역 중요도 순위에 대해 생각해 보게 되었다. 내가 생각한 나의 영역 중요도 순위는 재정적, 사회적, 여가 활동적, 전문가적, 결혼 생활적, 감정적 순이였다. 가치관 검사에서의 나는 능력을 가지고 스스로 독립하고 싶어 했고, 다른 사람들과 가까이 지내고 사람들을 만나는 것을 중요하게 생각했으며, 자유로우며 도전적인 일을 하고 싶어 했다. 또한 전문가로서 평가받고, 스스로 전문가라고 느끼면서 사람들을 가르치고 영향력을 확대하고 싶어 한다는 것을 알게 되었다.

앞의 세 가지 이외에도 여러 실습 활동들을 하며 내가 그동안 알지 못했던 나에 대하여 더 잘 알게 되어서 좋았다.

➜ **피드백:** 자신의 특성을 찾아 자기진단 보고서를 잘 작성하였습니다. 마지막 결론에서 미래에 대한 포부를 추가하면 더 좋겠습니다.

Chapter 07

직업의 세계

07 Chapter 직업의 세계

1. 직업의 의미와 조건에 대하여 이해한다.
2. 직업세계의 변화를 이해하고 나의 진로에 적용해 본다.

1. 직업이 주는 의미

독일 철학자 니체(Nietzsche)는 '직업은 삶의 근간(根幹)'이라고 표현하였다. 이는 직업이 개인 삶 전체의 중심이 됨을 이야기하는 것이다. 인간은 태어나면서 가정에서부터 시작하여 학교라는 기관을 통해 다양한 교육을 받고, 이를 근거로 자신만의 직업을 갖게 된다. 직업을 기반으로 가정을 만들고 유지하며, 개인의 목적을 세우고 달성하면서 자아실현을 하게 된다. 직업은 인간에게 기본이 되는 생존 욕구를 채울 수 있게 해 주며, 자신의 능력을 발휘함으로써 사회 구성원으로서 역할을 하게 한다. 또한 자아실현을 통해 자신의 가치를 확인하며, 삶의 만족을 갖게 된다. 따라서 한 개인이 갖는 직업의 의미는 크게 4가지로 구분할 수 있다.

첫째, 직업은 **생계유지 수단**의 의미를 가지고 있다.

개인의 직업 활동은 곧 경제 활동을 이야기한다. 직업 활동을 통해서 얻게 되는 경제적 활동은 인간이 세상을 살아가기 위한 가장 기본적인 생존욕구인 의식주를 해결할 수 있도록 한다.

둘째, 직업은 한 나라의 국민으로서 **사회적 역할**을 할 수 있도록 한다.

대한민국 국민에게는 꼭 지켜야 할 4가지 의무가 있다. 4가지 중 하나가 근로의 의무이다. 근로의 의무란 한 나라의 국민으로서 개인이 가지고 있는 재능(才能)을 가지고 부지런히 일을 하여 국가와 사회에 부분적으로 기여하는 것을 말한다. 이러한 기여는 국가와 사회가 성장 · 발전할 수 있게는 하는 중요한 요인이 된다.

셋째, 직업은 **다양한 인간관계와 사회적 위치**를 가질 수 있게 한다.

인간은 개인이 가지고 있는 재능을 통해서 직업을 갖게 된다. 이렇게 갖게 된 직업에서 자신의 역할을 하다 보면 다양한 분야의 사람들과 관계를 맺으면서 활동하게 된다. 다양한 관계의 활동은 자신이 일하는 분야에서 자신의 성장과 함께 사회적 위치가 정해지고 개인의 사회적 관계 범위가 결정되기도 한다.

넷째, 직업은 개인의 **자아실현**(self-realization)을 할 수 있게 한다.

직업은 개인의 가지고 있는 재능과 역량을 발휘할 수 있게 한다. 자신의 직업에서 자신의 재능과 역량을 발휘하면서 삶의 목표가 생기고 이것을 성취하면서 완성되어 가는 자신의 모습을 바라보면서 자기만족을 갖게 된다. 자기완성을 해 나가는 자아실현을 통해서 자신의 존재적 가치와 행복감을 갖게 된다.

직업의 의미
– 생계유지의 수단 – 사회적 역할 – 인간관계와 사회적 위치 획득 – 자아실현

2. 직업의 조건

한국고용정보원에서 2020년에 발간한 『한국직업사전』에 의하면, 우리나라의 총 직업의 수는 16,891개라고 한다. 직업 또한 사회적 환경에 영향을 많이 받아 사라지기도 하고 새로 만들어지기도 한다. 새로운 직업이 직업으로 명명할 수 있기에는 한국표준직업분류(2007)에서 제시하고 있는 4가지의 조건이 충족되어야 한다. 직업이 될 수 있는 조건은 다음과 같이 4가지가 있다.

첫째, 직업은 **지속성**이 있어야 한다.

직업은 유사성이 있는 일, 즉 업무나 과업을 지속적으로 하는 것을 직업이라 할 수 있다. 일의 지속성이란 매주, 매일, 매월 등 주기적으로 행하는 것, 계절적으로 행하는 것, 명확한 주기는 없으나 계속으로 행하는 것, 현재 하고 있는 일을 계속적으로 행할 의지와 가능성이 있는 것을 말한다.

둘째, 직업은 **개인의 노력과 함께 경제적 보상**이 있어야 한다.

직업은 개인이 일한 노력의 대한 보상으로 정당한 경제적 거래관계가 성립

될 수 있는 것을 말한다. 따라서 임대료나 주식배당 등과 같이 노력 없이 자연발생적인 이득에 전적으로 의존하는 활동이나 우연하게 발생하는 경제적인 이득의 활동, 무료봉사 활동, 학업에 전념하는 학생 등의 경우는 직업이라 하지 않는다.

셋째, 직업은 **윤리성과 사회성**이 충족되어야 한다.

직업은 개인이 가지고 있는 재능을 통한 사회적 역할을 하는 것에 그 의미가 있다. 따라서 도박, 강도, 절도, 사기, 매춘, 밀수와 같은 비윤리적인 영리행위와 반사회적인 활동을 통해 경제적인 이윤을 얻게 되는 활동은 직업이라 인정하지 않는다. 또한 사회성은 사회 공동체적인 의미에서 모든 직업 활동은 사회적인 기여를 해야 한다.

넷째 직업은 **자율성**이 충족되어야 한다.

직업은 강제성 있는 활동이 아니라 개인이 가지고 있는 재능을 마음껏 발휘할 수 있는 활동을 스스로 찾아 일을 하는 것이다. 따라서 의무로 군복무를 하는 병사나 단기 부사관, 장교의 경우는 경제성과 1년 이상의 지속성이 있다고 하더라도 직업으로 보지 않는다. 또한 사회복지시설 수용자의 시설 내 경제활동과 수형자의 활동과 같이 법률에 의한 강제노동을 하는 경우에도 직업으로 보지 않는다.

한국표준직업분류(2007)에서 직업으로 인정되지 않는 경우

1. 이자, 주식배당, 임대료(전세금, 월세금) 등과 같은 자산 수입이 있는 경우
2. 「연금법」, 「국민기초생활보장법」, 「국민 연금법 및 고용보험법」 등의 사회보장이나 민간보험에 의한 수입이 있는 경우
3. 경마, 경륜, 복권 등에 의한 배당금이나 주식투자에 의한 시세차익이 있는 경우
4. 예, 적금 인출, 보험 수치, 차용 또는 토지나 금융자산을 매각하여 수입이 있는 경우
5. 자기 집의 가사활동에 전념하는 경우
6. 교육기관에 재학하며 학습에만 전념하는 경우
7. 시민봉사활동 등에 의한 무급 봉사적인 일에 종사하는 경우
8. 도박, 강도, 절도, 사기, 매춘, 밀수와 같은 불법적인 활동
9. 의무로 복무 중인 사병, 단기 부사관, 장교와 같은 군인
10. 사회복지시설 수용자의 시설 내 경제활동
11. 수형자의 활동과 같이 법률에 의한 강제노동을 하는 경우

직업의 조건

- 일에 대한 지속성
- 개인의 노력과 함께 있는 경제적 보상
- 윤리성과 사회성
- 자율성

3. 직업세계의 변화

직업도 기술의 발전, 사회구조의 변화, 경제 성장에 따라 끊임없이 변화한다. 특히 현재의 과학기술은 우리가 예상하지 못하는 속도로 빠르게 발전되고 있다. 빠른

과학기술의 발달은 우리 생활방식에 변화를 주고 더 나아가 사회구조를 변화시킨다.

4차 산업혁명의 핵심기술인 사물인터넷(IoT), 클라우드 컴퓨팅(Cloud Computing), 빅데이터(Big Data), 모바일(Mobile)과 인공지능이 있다. 특히 인공지능은 4차 산업혁명의 가장 핵심적인 기술로 직업세계에 영향을 많이 준다. 이러한 영향으로 기존의 있던 직업이 사라지거나 감소되기도 한다. 반면에 새로운 직업들이 생기거나 기존에 있던 직업이 확대되기도 한다. 따라서 직업을 선택하고 준비하는 과정에서 자신의 재능을 개발하는 것뿐만 아니라 직업세계의 변화를 읽고 이에 대하여 준비하는 자세가 필요하다. 앞으로 미래 직업세계에 영향을 주는 변화요인은 다음과 같다.

1) 과학 기술의 발전

과학 기술의 빠른 발전은 사회에 많은 변화를 주고 있다. 이 변화의 속도는 우리가 상상할 수 없을 만큼 매우 빠른 속도이다. 미국 밀레니엄 프로젝트 대표 제롬 글렌은 조선일보 100년 포럼에서 “현재 4차 산업혁명의 핵심기술인 인공지능(AI)이 특정 분야에서만 능력을 발휘하는 것만으로 농업과 제조업, 텔레마케터 같은 업종에서 실업 문제가 나타나고 있다. 2030년쯤 범용 인공지능(AGI)이 출현하면 일자리에 미치는 충격은 엄청날 것이다(조선일보 2019. 06.27일자 일부 내용)”라고 기고하였다. 이는 단순히 과학 기술의 발전으로 인간의 생활이 편리해지는 것으로 머무는 것이 아니라 이에 대하여 개인과 기업이 어떻게 준비하느냐에 따라서 새로운 고부가가치를 만들고 경쟁력이 달라질 수 있음을 보여 주는 것이다. 따라서 직업을 준비하는 사람은 인공 지능과 관련된 기술뿐만 아니라 ‘ICBM’이라고 불리는 4차 산업혁명의 핵심기술의 발달로 인해 어떤 인재에 대한 수요가 증가할 것인가를 면밀히 살펴보고 이에 대한 준비를 해야 할 필요가 있다. 또한 새로운 기술의 발달로 인해 사회구조에 어떤 변화가 있을지 끊임없이 탐색하고 자신이 선택한 직업을 확대하고 성장시킬 수 있는 활용방안들을 모색하는 것이 필요할 것이다.

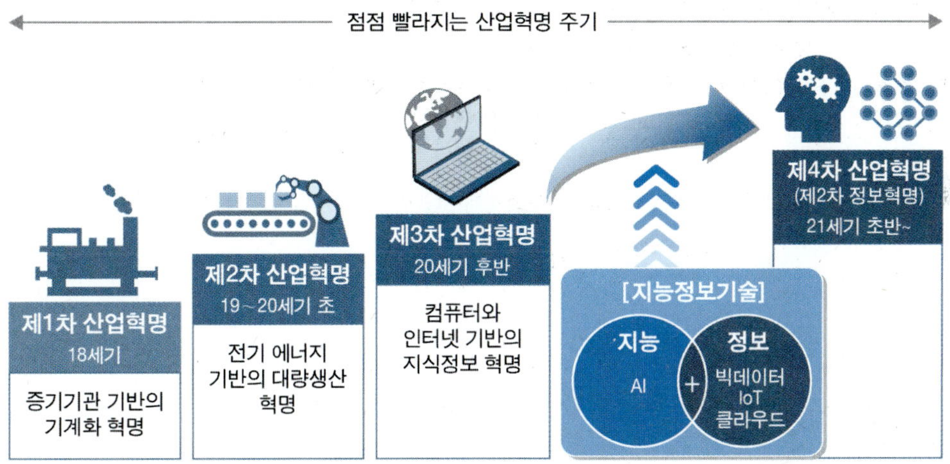

출처: https://www.incheon.go.kr/humanframe/theme/eco/html/_layout/page.html?uid=eco010201.

2) 높은 삶의 질에 대한 추구

우리나라는 고도의 경제성장을 통해서 개인이 요구하는 삶의 질의 수준이 높아졌다. 과거 개인은 일 중심의 삶에 만족을 했다면 지금은 일과 동시에 개인의 여가·문화 활동과 건강한 삶이 균형을 이루는 것에 더 큰 삶의 만족을 갖는다. 최근에 도입되고 있는 주 5일 근무, 탄력 근무제 등과 같은 제도의 확산으로 인해 개인의 여가시간을 활용할 수 있는 기회가 많아졌다. 또한 최근에는 코로나로 인해 온라인을 통한 재택근무, 유연근무, 온라인 회의 등으로 일하는 방식의 변화가 나타나고 있다. 예전에는 정해진 장소에 출근하지 않고 일하는 것은 상상할 수 없는 일이었다. 그러나 고용노동부의 "재택근무 활동실태 설문조사 결과"에 따르면, 오히려 출퇴근 시간이 줄어들고, 회의준비 등에 시간이 즐어들면서 개인의 업무역량에 투자하는 시간이 많아져 생산성과 효율성이 더 높아지고 있다고 한다. 또한 노동자는 온라인을 통한 근무방식으로 직무만족이 예전보다 높아지고 있다.

따라서 노동자는 여가시간을 효과적으로 활용할 수 있는 욕구가 증가되고 있다. 이러한 노동자의 근무방식의 변화로 여행과 레저 및 스포츠 관련 직업, 음악, 영화, 미술 등의 다양한 문화 관련 직업들이 증가하게 될 것이다. 자신의 아름다움을 유지하고 표현할 수 있는 헤어, 네일, 피부 미용 등에 해당되는 직업들이 증가될 것이다. 또한 여가시간을 즐기고 편한 삶에 만족할 수 있게 하는 삶의 편리성에 도움을 줄 수 있는 직업과 사업들이 증가될 것이다.

3) 저출산과 고령화로 인한 인구구조의 변화

의료기술의 발달은 인간에게 삶의 연장을 선물로 주었다. 반면에 경제 악화로 인한 고용률 저하, 양육과 사교육 비용에 대한 부담, 개인주의 확대, 결혼에 대한 관점 변화 등의 이유로 출산율은 점점 줄어들고 있다. 저출산과 고령화로 인한 인구구조의 변화로 직업세계의 변화도 나타났다. 저출산으로 인해 학령인구가 줄어듦에 따라 교육과 관련된 직업과 사업이 감소하고, 다른 한편으로는 교육과 관련된 직업과 사업이 고부가가치로 확대되고 있다. 그 밖의 출산과 관련된 모든 제조업과 판매업이 축소되고 있는 편이다. 반면에 고령화로 인해 간호사, 요양보호사, 물리치료사, 사회복지사 등의 의료 및 건강과 관련된 분야, 맞춤형 여가 및 관광과 관련된 직업과 사업이 확대되고 있다.

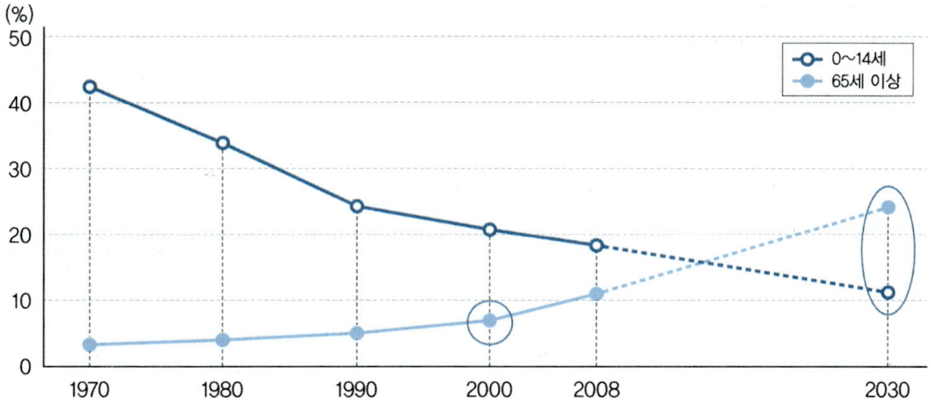

출처: http://study.zum.com/book/14708.

4) 환경문제와 에너지 고갈

산업화로 인한 환경오염으로 기후변화가 심각해지고 있다. 따라서 환경오염의 주범인 석탄이나 석유 등을 줄이고, 이것에 대체할 만한 에너지 개발과 관련된 직업과 산업이 확대되거나 새로 만들어질 것이다. 또한 이것을 산업현장과 일상생활에 적용할 수 있는 제품을 개발하고 판매하는 직업과 산업이 확대되고 새로 만들어질 것이다.

〈표 7-1〉 향후 10년간 직업별 일자리 전망

전망	직업명				
증가 (19)	간병인	간호사	간호조무사	네트워크시스템 개발자	물리 및 작업치료사
	변리사	변호사	사회복지사	생명과학연구원	산업안전 및 위험관리원
	수의사	에너지공학기술자	의사	치과의사	컴퓨터보안전문가
	한식목공	한의사	항공기객실승무원	항공기조종사	

전망	직업명				
다소 증가 (68)	감독 및 연출자	경찰관	경호원	관제사	광고 및 홍보전문가
	기자	냉난방 관련 설비조작원	노무사	대중가수 및 성악가	데이터베이스 개발자
	도시 및 교통설계전문가	만화가 및 애니메이터	미용사	방사선사	방송 및 통신장비 설치 수리원
	배우 및 모델	법률 관련 사무원	보육교사	보험 및 금융상품개발자	사서 및 기록물관리사
	사회과학연구원	사회단체활동가	상담전문가 및 청소년지도사	상품기획전문가	석유화학물가공 장치조작원
	세무사	소방관	손해사정사	스포츠 및 레크리에이션강사	시스템소프트웨어 개발자
	식품공학기술자 및 연구원	안경사	안내 및 접수사무원	애완동물미용사	약사 및 한약사
	여행서비스 관련 종사자	연예인 및 스포츠매니저	영양사	웹 및 멀티미디어기획자	웹 및 멀티미디어 디자이너
	응급구조사	응용소프트웨어 개발자	의무기록사	인문과학연구원	임상병리사
	임상심리사	자동차 및 자동차부분품 조립원	작가	전기 및 전자설비조작원	전기공학기술자
	전자공학기술자	정보시스템운영자	제조공정부품 조립원	지리정보전문가	직업상담사 및 취업알선원
	치과기공사	치과위생사	컴퓨터시스템설계 및 분석가	컴퓨터하드웨어 기술자 및 연구원	큐레이터 및 문화재보존원
	택배원	판사 및 검사	피부미용사 및 체형관리사	행사기획자	화학공학기술자
	환경공학기술자	환경 관련 장치 조작원	회계사		
유지 (81)	기업고위임원 (CEO)	간판제작 및 설치원	감정평가전문가	건설기계운전원	건축가(건축사)
	건축공학기술자	경기감독 및 코치	경비원	경영및진단전문가 (경영컨설턴트)	공예원

전망	직업명				
	관세사	국악인 및 전통예능인	금속가공장치 조작원	금융 및 보험관련사무원	금형 및 공작기계조작원
	기계공학기술자	기계장비설치 및 정비원	농림어업기술자	대학교수	도배공 및 유리부착원
	메이크업아티스트 및 분장사	무용가 및 안무가	물품이동장비조작원(크레인및지게차운전원)	미술가	미장공 및 방수공
	배관공	버스운전원	번역가	법무사	보험관련영업원
	부동산중개인 (부동산중개사)	비금속광물가공 장치조작원	비서	상품중개인 및 경매사	상품판매원
	생산관련사무원	소년보호관 및 교도관	시각디자이너	식품가공관련기능 종사자	식품제조기계 조작원
	아나운서 및 리포터	영업원	영화 · 연극및방송 제작장비기사	용접원	운동선수
	운송장비정비원	유치원교사	음악가	인테리어디자이너	임업관련종사자
	자동차정비원	자산운용가	작물재배종사자	장례지도사	재료공학기술자
	전공	전기 및 전자기기설치 수리원	제과제빵사	제품디자이너	조경기술자
	주방장 및 조리사	중등학교교사	철골공	철도 및 전동차기관사	청소원 및 가사도우미
	청원경찰	초등학교교사	출판물전문가	캐드원	토목공학기술자
	통신공학기술자 및 연구원	통신장비 및 방송송출장비 기사	통역사	투자 및 신용분석가	특수학교교사
	패션디자이너	학원강사 및 학습지교사	항해사	홍보도우미 및 판촉원	화물차 및 특수차운전원
	회계 및 경리사무원				
다소 감소 (31)	조사전문가	건축목공	결혼상담원 및 웨딩플레너	경영지원사무원	계산원 및 매표원

전망	직업명				
	귀금속 및 보석세공원	낙농 및 사육관련종사자	단순노무종사자	단열공	단조원
	도장원 및 도금원	무역사무원	바텐더	비파괴검사원	사진가
	섬유공학기술자	세탁원 및 다림질원	악기제조원 및 조율사	어업관련종사자	운송사무원
	의복제조원 및 수선원	이용사	조적공 및 석공	주조원	증권 및 외환딜러
	철근공	철도 및 전동차기관사	측량가	콘크리트공	텔레마케터
	판금원 및 제관원				
감소 (1)	인쇄 및 사진현상 관련조작원				

출처: 한국고용정보원(2019).

워크시트 사라진 직업과 새로 생긴 직업 찾아보기

구분	종류	이유
사라진 직업		
새로 생긴 직업		
앞으로 생길 직업		

◆ 활동을 통해 느낀 점은 무엇인가요?

◆ 미래 직업을 위해서 앞으로 준비해 할 것은 무엇이 있을까요?

Chapter 08

직업정보

08 Chapter 직업정보

1. 진로탐색 과정에서 직업정보의 중요성을 이해한다.
2. 직무기반 직업정보를 통해 다양한 직업세계를 이해한다.
3. 자기이해를 기반으로 자신에게 적합한 직업정보를 찾아본다.

1. 직업정보

'자신이 좋아하는 것과 잘할 수 있는 것은 무엇인가?'에 대한 자기이해는 직업을 선택하는 데에 있어 중요한 첫 단계이다. 이 단계 다음에는 직업에 대한 구체적인 정보를 수집하는 것이다.

우리가 하나의 물건을 사기 위해서 같은 종류의 물건들을 검색해 보고 자신에게 적합한 물건을 선택하고 이것을 자신의 것으로 소유하게 되면 만족감을 갖게 된다. 개인의 삶의 가장 중요한 직업을 선택할 때도 직업에 대한 구체적인 정보를 수집하고 자신에게 적합한 직업으로 합리적인 선택을 하여 직업 활동을 하게 되면 직업에 대한 만족감과 더 나아가 삶의 만족, 즉 행복감을 느끼게 된다. 따라서 직업을 선택하는 과정에서 자기이해 만큼이나 직업정보를 수집하는 것이 중요하다.

수없이 많은 직업 정보들 가운데 합리적인 선택을 하기 위해서는 신뢰성과 최신성의 기본적인 조건을 가지고 있어야 하며, 아래와 같은 내용이 포함되어야 한다.

- 경제 및 산업 동향
- 노동시장, 고용과 실업 동향
- 임금 근로시간 등과 같은 근로조건에 대한 정보
- 직업에 대한 정보
- 채용과 승진 등에 대한 고용관리 정보
- 직업능력 개발훈련에 대한 정보
- 고용 관련 각종 지원과 보조에 대한 정보
- 구인과 구직에 대한 정보

〈표 8-1〉 직업정보 사이트

사이트명	내용
www.work.go.kr	한국고용정보원이 운영하는 사이트로 채용정보, 심리검사, 직업정보, 훈련정보 등의 정보 제공
www.careernet.re.kr	한국직업능력개발원이 운영하는 사이트로 대상별 진로 및 직업정보
www.hrd.go.kr	직업훈련정보망으로 훈련직종별, 지역별, 기간별, 직업훈련 검색
www.q-net.or.kr	한국산업인력관리공단의 자격정보 시스템으로 국가기술자격, 공인민간자격에 대한 수험정보 제공
www.ncs.go.kr	산업현장에서 직무를 수행하기 위해 요구되는 능력(지식, 기술, 태도)을 국가가 체계화한 것으로 직무능력중심 채용정보 제공
www.joberum.com	기업분석과 희망직무, 취업전략에 대한 정보
www.jobkorea.co.kr	채용정보 및 교육정보

2. 직무기반 직업정보

(한국고용정보원 2019 청년 직무기반 취업가이드 참조)

1) 경영지원 및 영업직무

(1) 경영지원 직무

- 경영기획 사무원, 마케팅 사무원, 광고전문가, 홍보 사무원, 인사 · 노무 · 교육 · 훈련 사무원, 회계 사무원, 총무/관재 사무원, 감사 사무원, 법률 사무원, 경영지원 전문자격사, 사무지원

(2) 산업 특수적 지원 직무

- 무역 사무원, 국제물류운송주선인, 원산지관리사, 보세사, 세관원, 운송 사무원, 통계 사무원 및 통계조사전문가, 행사 기획자

(3) 영업사무 및 영업 직무

- 일반 · 기술 · 해외 영업원, 판매원, 면세품 판매원, 중고차영업원, 상품대여원, 중개인, 경매인

2) 건설 직무

(1) 건축

- 건축가(건축사), 건축공학기술자(건축현장소장, 건축구조기술자, 건축설비기술자, 건축견적기술자, 공무기술자, 건축시공기술자, 건축 · 안전 · 환경 · 품질 기술자), 건축마감기능직(미장공, 방수공, 단열공, 바닥재시공원, 도배공 및 유리

부착원, 건축 도장공, 새시조립 및 설치원, 기타 건축마감기능원)

(2) 토목

- 토목기술자, 건설구조기능직(강구조물가공원 및 건립원, 경량철골공, 철근공, 콘크리트공, 건축석공, 건축목공, 조적공 및 석재부설원, 배관공, 기타 건설 구조기능원)

(3) 건설관련 운전기능직

- 플랜트

(4) 조경

(5) 측량 및 지리정보

- 측량 기술자, 지도제작 기술자, 지리정보 기술자

(6) 건설 시험

- 건설시험원, 건설재료 연구원

(7) 도시 · 교통계획

- 도시계획가, 도시재생전문가, 교통 관련 전문가(교통설계기술자, 교통안전시설 기술자, 교통심리전문가, 교통사고 조사원)

3) 제조 직무

제조업 분야는 기계(조선 해양, 자동차, 항공, 철도)와 금속재료, 전기, 전자, 화학, 섬유, 식품, 통신 등의 다양한 분야를 말한다. 제조분야의 직무 구조는 아래와 같다.

(1) 제조분야 직무구조

연구 개발 및 디자인				제조		제조 후	
제품기획 및 연구개발	설계	시험	디자인	생산 지원	생산	유지관리 및 정비	안전 관리
제품 기획자	제품설계 기술자	시험분석	자동차 디자이너	공정관리 기술자	생산기계 조작원	설치원	기계안전
연구 개발자	수치해석 기술자			구매관리 기술자	조립원	정비원	전기안전
	금형설계 기술자			생산 기술자		공무 기술자	화공안전
	치공구설계 기술자			생산관리 기술자			건설안전
				품질관리 기술자			비파괴 검사원
				품질보증 기술자			

(2) 제조 직무별 대표 자격

기계설치 정비원	기계정비기능사, 기계정비산업기사, 인쇄산업기사, 인쇄기능사, 생산자동화산업기사, 전자부품(SMT)기능사, 전자부품장착(SMT)산업기사, 신재생에너지발전설비기능사, 신재생에너지발전설비산업기사, 승강기기능사, 승강기 산업기가, 건설기계정비기능사, 건설기계정비산업기사, 건설기계정비기능장, 공조냉동산업기사, 공조냉동기계기능사, 배관기능사, 배관산업기사, 에너지관리기능사, 에너지관리산업기사, 농기계정비기능사, 공력기계정비기능사, 선체건조기능사, 조선산업기사, 철도차량정비기능장, 철도차량정비기능사, 철도차량산업기사, 컴퓨터 응용가공산업기사, 기계가공조립기능사, 기계가공조립산업기사, 반도체장비유지보수기능사 등
전기, 전자 설치 정비원	전기공사기능사, 정기공사산업기사, 전기기능사, 전기산업기사, 전자부품장착(SMT)기능사, 전자부품장착(SMT)산업기사, 신재생에너지발전설비기능사(태양광), 전자기기기능사, 통신선로기능사, 정밀측정기능사, 핵연료물질취급자면허 등
화학설치 정비원	가스기능사, 가스산업기사, 가스기능장, 화학분석기능사 등
자동차 정비사	자동차정비산업기사, 자동차정비기능사, 자동차차체수리기능사, 자동차보수도장기능사 등
항공 정비사	항공정비사(면장), 항공기관정비기능가, 항공기체정비기능사, 항공산업기사, 항공전자장비기능사, 항공장비정비기능사 등
용접원	용접기능사, 용접산업기사, 용접기능장, 특수용접기능 등
금속재료 설치 정비 생산직	주조기능사, 주조산업기사, 제강기능사, 열처리기능사, 압연기능사, 판금제관기능사, 판금제관산업기사, 원형기능사, 표면처리기능사, 표면처리산업기사 등
환경 장치 조작원	정수시설운영관리사, 환경기능사, 대기환경산업기사, 수질환경산업기사, 폐기물처리산업기사 등
식품기능직	제빵 기능사, 제과 기능사, 식품가공기능사, 식육처리기능사 등

4) 정보통신 직무

정보통신은 통신 공학과 컴퓨터 공학을 기반으로 하드웨어, 시스템 소프트웨어 등의 연구, 설계, 개발, 구축, 운영, 유지관리 직무로 구성되어 있다. 정보통신과 관련된 주요 직업은 다음과 같다.

(1) 정보통신 직무 관련 직업

<table>
<tr><th></th><th>통신기술</th><th>컴퓨터</th><th>소프트웨어</th><th>데이터</th><th>네트워크</th><th>정보 보안</th></tr>
<tr><td>사업기획</td><td colspan="6">정보통신 관련 사업기획자</td></tr>
<tr><td>연구</td><td>통신연구원, 통신망관리 연구원</td><td>컴퓨터 연구원</td><td rowspan="3">시스템 및 응용 소프트웨어 개발자</td><td>데이터 사이언티스트</td><td>네트워크 연구원</td><td>정보보안 알고리즘 개발자</td></tr>
<tr><td>개발</td><td>통신개발자, 방송통신기기 설계기술자</td><td>컴퓨터 메인보드 설계 기술자</td><td rowspan="2">데이터시스템 및 설계분석가, 데이터 엔지니어</td><td rowspan="2">네트워크 개발자</td><td>정보보호 프로그램 개발자</td></tr>
<tr><td>분석</td><td>방송설치 기술자</td><td>컴퓨터 시스템 설계 및 분석가</td><td>디지털포렌식 전문가</td></tr>
<tr><td>운영</td><td>통신망운영자, 방송망 운영기사</td><td>정보시스템 운영관리자</td><td>소프트웨어QA</td><td>DB운영원</td><td>네트워크 관리자</td><td>인터넷데이터 센터 서버관리원</td></tr>
<tr><td>유지보수</td><td>통신기기정비원, 방송기기정비원</td><td colspan="5">컴퓨터 서버 등 유지보수원</td></tr>
<tr><td>서비스</td><td colspan="6">유무선 통신 및 방송 서비스 관련 직업</td></tr>
</table>

5) 서비스 직무 I

(1) 교육 직무

교육 직무는 다양한 교육 수준에 맞추어 개념과 운영 방법을 개발하여 정규교육기관에서 학생을 가르치는 대학교수, 중고등학교교사, 초등학교교사, 유치원교사, 특수학교교사 등을 나누어진다. 학원강사, 방과후 교사, 학습지 교사, 직업훈련교사는 강사로 분류된다. 기타 교육 관련 전문직으로는 교재개발연구원, 창의코딩연구원, 이러닝교수설계자, 입학사정관, 평생교육사, 장학관, 연구관이 있다.

(2) 연구 직무

A. 인문 · 사회 직무

- **인문학 연구직:** 교육학연구원, 철학연구원, 심리학연구원, 체육심리학연구원, 역사학연구원, 문학연구원, 서지학연구원, 언어학연구원, 케어미피케이션전문가, 고전번역사
- **사회학 연구직:** 경제분석가, 노동경영연구원, 경제학연구원(거시경제연구원, 법경제연구원), 정치학연구원, 사회학연구원, 사회복지학연구원, 언론학연구원, 미래학자, 법학연구원, 부동산연구원

B. 자연과학 · 생명과학 직무

- **자연과학 연구직:** 기상학연구원, 기상컨설턴트, 물리학연구원, 화학연구원, 수학연구원, 통계학연구원, 지질학연구원, 기후변화연구원, 수학모너레이터, 항공기상전문가, 해상풍력단지평가원, 기상감정사, 연구장비전문가
- **생명과학 연구직:** 곤충연구원, 과수연구원, 관심어종자전문가, 나노바이오연구원, 나무의사, 농업해충연구원, 인체공학연구원, 단백질의약품연구원, 인체공학연구원, 동물백신개발연구원, 미생물의약학연구원, 미생물학연구원, 수산물병리연구원, 수의과학연구원, 약학연구원, 유전자원연구원, 스마트팜연구원, 해양바이오에너지연구원, 생명정보연구원, 유전체분석사

(3) 보건 · 의료직무

보건 · 의료직무는 국가자격시험에 합격해야 직무 수행이 가능하다. 대표적으로 의사, 치과의사, 간호사, 물리치료사, 작업치료사, 영양사, 한의사, 수의사 등이 있다.

그 이외의 보건 · 의료직무에 해당되는 직업은 다음과 같다.

- 임상병리사, 방사선사, 치과기공사, 치과위생사, 임상심리사, 재활공학기사, 놀이치료사, 음악치료사, 미술치료사, 원예치료사, 동물매개치유사, 응급구조사, 위생사, 안경사, 의무기록사, 간호조무사, 안마사, 조산사

(4) 법률 직무

법률 직무는 법지식을 활용하여 서비스를 제공하는 일을 한다. 법률지식의 대표적인 직무로는 판사, 검사, 변호사, 법무사, 변리사, 행정사 등이며 이들은 해당 전문자격을 갖추고 업무를 할 수 있도록 법으로 정하고 있다. 또한 이들의 업무를 지원하는 법률사무원이 있다.

(5) 금융 및 보험 관련 직무

A. 금융 직무

- 은행금융상품개발자, 기업신용조사분석원, 은행금융상담역, PB(Private Banker), 은행 사무원, 창구(출납) 사무원, 채권추심원, 외환딜러

B. 보험 직무

- 보험상품개발자, 보험동향분석원, 보험계리사, 보험심사원, 보험계약심사원, 보험모집인, 보험중개인, 손해사정사

C. 금융 및 보험 관련 서비스업(증권, 카드)

- 자산운용가(펀드매니저), 증권중개인, 애널리스트, 금융공학자(퀀트 · 계량분석가), 증권사법인영업원, 주식결재사무원, 해외증권영업원, 증권사주식공개담당자, 카드상품개발자, 금융관리감독원, 시장리스크매니저, 증권사준법감사인, 증권사무원

D. 기타

- 대출상담사, 카드상담사, 투자권유대행인, 재무설계사

F. 금융 및 보험직무 자격

- **재무설계 및 분석:** AFPK, CFP, FRM(재무위험관리사), 자산관리사(FP), 공인회계사 등
- **은행/여신:** 은행텔러(CPT), 은행FP, 외환전문역(CFES 1종, 2종), 신용위험분석사(CRA), 여신심사역(CLO), 국제금융역, 신용분석사, 신용관리사, 신용상담사
- **보험 · 증권 · 손해 등:** 보험계리사, 보험중개사, 손해사정사, 펀드투자권유대행인, 증권투자유대행인, 국제무역사, 증권투자상담사, 펀드투자상담사, 파생상품투자상담사, 국제금융역, 자금운영역, 투자자산운용사 등

(6) 사회복지 관련 직무

A. 사회복지 관련 직무

- 정신건강사회복지사, 의료사회복지사, 학교사회복지사, 사회복지전담공무원, 생활지도원

B. 상담 · 취업 관련 직무

- 상담전문가, 금연상담사, 다문화 지도사, 범죄피해자상담원, 산업카운슬러, 스포츠심리상담사, 전문상담교사, 학습상담원

C. 청소년상담 및 지도 관련 직무

- 청소년상담사, 청소년지도사, 전문상담교사

D. 취업 관련 직무

- 직업상담사, 인재추천전문가(헤드헌터), 장애인직업능력평가사, 장애인재활상담사, 커리어컨설턴트(전직지원전문가), 취업알선원

F. 보육 관련 직무

- 보육교사, 놀이시터, 임시출산육아코치

E. 시민단체활동가

- 사회적경제활동가, 사회적기업사, 자원봉사관리자

(7) 번역 및 통역 직무

- **번역:** 번역가(일반), 영상물번역가, 게임번역가, 웹툰번역가, IP(Intellectual Property)
- **통역:** 통역사(일반), 수화통역사, 통역지원사

(8) 디자인 직무

- **제품 디자이너:** 3D프린터모델러, 가구디자이너, 자동차디자이너(엑스테리어, 인테리어, CMF, 자동차외형도형전문가 등), 휴대폰 디자이너, 포장디자이너 등
- **패션 디자이너:** 가발디자이너, 소재디자이너, 애견옷디자이너, 의상디자이너, 주얼리디자이너, 텍스타일디자이너, 한복연구가, 디지털이미지디자이너 등
- **실내장식 디자이너:** 도시디자이너, 디스플레이디자이너, 라이프스타일디자이너, 실내장식디자이너, 인테리어디자이너, 전시디자이너, 조명디자이너 등
- **시각 디자이너:** ppt편집디자이너, 간판디자이너, 광고그래픽디자이너, 광고디자이너, 매디컬일러스트레이터, 미디어파사드디자이너, 벽지디자이너, 북디자이너, 선물포장디자이너, 아이덴티디자이너, 옥외광고판설계원, 유가증권디자

이너, 음반케이스디자이너, 일러스트레이터, 자막디자이너, 캐릭터디자이너, 캘러그라퍼, 컬러리스트, 퍼스널컬러진단가, 편집디자이너, 포장디자이너, 폰트디자이너, POP디자이너, 홈데코레이터 등

- **미디어콘텐츠 디자이너:** 게임그래픽디자이너, 게임UI디자이너, 그래픽유저인터페이스디자이너, 모션그래픽디자이너, 세이더, 온에어프로모션디자이너, 웹디자이너, 인프로그래픽디자이너, 반도체UI/UX디자이너, 휴대폰UI/UX디자이너, 그래픽유저인터페이스디자이너 등

6) 서비스 직무 II

(1) 방송 · 영화 · 게임 · 애니매이션 · 만화 직무

A. 방송 관련 직무

- **사전제작:** 방송작가, 연출가(PD), 조연출(AD), FD(Floor Manager), 로케이션매니저
- **제작 및 후반제작:** 촬영감독, 촬영기사, 배우, 방송아나운서, 취재기자, 조명감독, 음향감독, 방송기술감독, 미술감독, 방송영상감독, 녹화기사, 특수효과기사, 방송편집기사, 녹음기사, 음향기사, 효과음향기사, 홈쇼핑PD, 무대감독, 무대기계조종원, 영상그래픽디자이너
- **기타:** 방송운행PD, 방송책임PD

B. 영화 관련 직무

- **개발 및 사전제작:** 영화제작자(프로듀서), 영화감독, 영화시나리오작가, 영화스토리보드작가, 로케이션매니저
- **제작:** 영화미술감독, 영화배우, 영화촬영기사, 특수효과기사, 조명감독, 특수분

장사

- **후반제작:** 아티스트, 특수효과전문가, 데이터매니저, 디지털색보정원, 녹음기사, 영화편집기사, 음향기사, 음악감독, 음향감독
- **기타:** 영사기사, 영화배급원

C. 게임 관련 직무

- **기획:** 게임기획자, 게임시나리오작가, 게임개발프로듀서, 게임레벨디자이너, 게임시스템디자이너, 게임콘셉트디자이너, 게임월드빌더, 게임테크니컬아티스트
- **메인제작:** 게임그래픽디자이너, 게임UI디자이너, 게임모델디자이너, 게임캐릭터원화디자이너, 게임애니메이션, 게임이팩트디자이너, 게임프로그래머
- **후반제작 및 운영:** 게임음향기술자, 게임운영자, 게임QA전문가
- **게임방송 및 기타:** 게임방송촬영감독, 게임방송해설가, 게임번역가, e-sport웹제작자

D. 애니메이션 직무

- **사전제작:** 애니메이션 기획자, 애니메이션프로듀서, 애니메이션시나리오작가, 애니메이션스토리작가, 애니메이션레이아웃작가, 애니메이션캐릭터디자이너
- **제작 및 후반제작:** 애니메이션감독, 애니메이션모델러, 애니메이션디지털페인터, 애니메이션라이팅원, 애니메이션맵핑원, 애니메이션합성원

E. 만화/웹툰 직무

- **기획:** 만화출판 기획자, 웹툰PD(웹툰기획자), 스토리 작가
- **제작:** 만화데생작가, 만화가/웹툰작가, 만화컬러작가, 만화펜터치작가, 웹툰편집가

- **유통:** 만화에이전트, 웹툰번역가, 웹툰QA전문가

(2) 음악 · 미술직무

음악		미술	
지휘자, 작곡가, 편곡자, 작사자, 연주자		화가, 조각가	학예사(큐레이터)
가수, 성악가	무용가, 안무가	문화재감정사	미술품경매사
게임 · 광고음악가		미술교사, 교수, 강사	미술치료사
뮤지컬배우		미술평론가	문화재보존가(미술)
음악평론가		미술감독(아트디렉터)	무대기사
디지털음원기획자		미술경영전문가	박물관교육사(미술)
녹음기사		단청기술자, 화공	미술아키비스트
사운드디자이너(효과음향기사(폴리아티스트))		교구교재개발자	디지털색보정원
		문화예술교육사	미술경매스페셜리스트

(3) 스포츠 직무

- **선수 및 감독:** 직업운동선수, 운동감독, 운동코치, 운동선수트레이너, 경기기록분석원, 운동경기정찰원, 비디오분석관
- **심판:** 심판, 야구비디오판독관, 운동경기기록원, 골프경기진행자, 골프장캐디
- **선수지원:** 운동선수매니저, 스포츠에이전트, 운동선수스카우터
- **연구 및 교육:** 스포츠클라이밍강사, 스포츠심리상담사, 체육심리학연구원, 골프피터, 등산강사, 레크리에이션진행자, 로프강사, 승마교관, 웃음지도사, 재활승마지도사, 필라테스강사, 헬스트레이너
- **시설관리 등 기타:** 인공암벽시설관리자, 마리나운영원

(4) 여행 · 숙박 직무

A. 여행 직무

- **여행상품개발:** 국내여행MD, 해외여행MD, 철도여행상품개발원, 여행컨설턴트, 지역별여행상품운영원
- **상담:** 여행상품상담원, 여행사콜센터상담원
- **영업:** 여행사대리점영업원, 여행영업기획관리원, 여행제휴사영업원
- **여행안내 및 해설:** 관광통역안내원, 국내여행안내원, 해외여행인솔자, 현지여행가이드, 럭셔리여행개발자, 문화관광해설사, 유람선관광가이드
- **기타:** 여행작가

B. 기타여행 · 숙박 직무

- **항공기:** 항공기객실사무장, 항공기객승무원, 항공수속사무원, 상공기탑승안내원
- **선박:** 선박객실승무원, 선박사무장
- **열차:** 여객열차차장, 여객전무, 열차승무원
- **호텔:** 발렛파킹원, 호텔도어맨, 호텔벨맨, 호텔컨시어지, 호텔프런트사무원
- **카지노 직무:** 카지노딜러, 플로어퍼슨, 피트보스, 카지노감사운영원

(5) 이 · 미용직무

- **이용:** 이용사
- **미용:** 미용사, 두피모발관리사, 애완동물미용사
- **피부 및 체형관리:** 피부미용사, 체형관리사(다이어크프로그래머), 속눈썹미용사, 손톱미용사(네일아티스트), 페디큐어리스트
- **메이크업 및 분장:** 메이크업아티스트, 장례복원메이크업아티스트, 분장사, 특

수분장사, 스킨아티스트, 바디페인팅아티스트

- **기타:** 메이크업아티스트스타일리스, 이미지 컨설턴트, 패션어드바이저, 패션코디네이터

동물과 관련된 직업세계

동물조련/훈련사, 동물재활공학사, 동물매개치유사, 견조련/훈련사, 애완동물행동교정사, 수의사, 수의테크니션(동물보건사), 애견핸들러, 애완동물미용사, 펫시터, 애완동물장의사, 장제사, 야생동물재활사, 초음파육질진단사

(6) 음식 및 식품 직무

- **음식조리:** 요리연구가, 음식메뉴개발자, 주방장, 푸드스타일리스트, 한식조리사, 중식조리사, 양식조리사, 일식조리사, 곤충식품조리사
- **차 · 술 조리:** 바텐더, 브루마스터, 브루어(수제맥주양조사), 바리스타
- **감별:** 꽃차소믈리에, 와인감별사, 커피향미감정평가사, 음식료품감정사

(7) 운전 · 운송 직무

- **육상(자동차):** 자동차배차원, 택시운전원, 버스운전원, 화물차운전원, 특수차운전원
- **육상(열차):** 승무원 운용계획원, 고속철도기장, 철도기관사, 전동차기관사, 철도교통관제사, 철도승무원,
- **항공:** 항공운항관리사, 항공관리기장, 부기장, 화물기장, 헬리콥터조종사, 항공승무원
- **해상:** 선박운항사무원, 선장, 항해사, 기관사, 도선사, 해상교통관제사, 선박승무원

- **산업(제조, 건설 등):** 생산관리자, 불도저, 기중기, 굴삭기, 로더, 롤러, 지게차, 천공기, 준설선, 타워크레인 운전원 등 신호수

운전 · 운송 관련 자격

- **버스운전자격시험:** 버스운전원
- **화물운송종사 자격시험:** 화물차운전원
- **교통안전관리자 자격시험:** 교통안전사무원, 교통사고개선원, 교통사고조사원, 교통안전기술자, 교통안전 연구원 등
- **항공/초경량 자격시험:** 항공기조종사, 헬리콥터조종사, 드론조종사, 항공정비사, 항공교통관제사, 항공운항관리사
- **철도종사자 자격시험:** 고속철도차량 운전면허, 제1종 전기차량 운전면허, 제2종 전기차량 운전면허, 디젤차량 운전면허, 철도장비 운전면허
- **건설기계 조종자격시험:** 굴삭기운전기능사, 기중기운전기능사, 롤러운전기능사, 로더운전기기능사, 불도저운전기능사, 양하장치운전기능사, 지게차운전기능사, 천공기운전기능사, 천장크레인운전기능사, 컨테이너크레인운전기능사, 타워크레인 운전기능사
- **선박 관련 자격시험:** 항해사, 기관사, 전차기관사, 통신사, 운항사, 수명비행선박조종사, 소형선박조종사

Tip 운전 · 운송 자격정보처

- 한국교통안전관리공단 www.kotsa.or.kr
- 한국해양수산연수원 www.seaman.or.kr
- 항공교육훈련포털 www.kaa.atims.kr

(8) 환경 및 에너지 직무

A. 환경 직무

- **대기:** 대기공학 기술자, 대기오염관제원, 온실가스관리컨설턴트, 항공기상전문가, 기상컨설턴트
- **수질:** 수자원환경연구원, 수질관리기술자, 하수처리기술자, 수질시험인, 해양환경연구원
- **소음 · 진동:** 소음진동기술자
- **폐기물:** 폐기물처리기술자, 재활용기술자
- **토양:** 토양환경 기술자, 광해복원기술자, 광해복원연구원
- **생태 복원:** 생태복원관리연구원, 생태복원기술자
- **환경영향 평가 및 컨설팅 등:** 제품생산환경 평가기술자, 환경영향평가원, 환경컨설턴트, 제품환경분석원, 생산시설환경기술자, 지속가능경영전문가
- **환경기능:** 정수시설제어운전원, 폐수처리원, 하수처리장치조작원, 폐기물소각로운전원

환경 관련 자격

- **대기:** 대기관리기술사, 대기환경기사, 대기환경산업기사, 환경기능사
- **수질:** 수질관리기술사, 수질환경기사, 수질환경산업기사, 환경기능사, 정수시설운영관리사 1 · 2 · 3급
- **소음, 진동:** 소음진동기술사, 소음진동기사, 소음진동산업기사, 환경기능사
- **폐기물:** 폐기물처리기술사, 폐기물처리기사, 폐기물처리산업기사, 환경기능사
- **토양:** 토양환경기술사, 토양환경기사, 토양환경산업기사, 환경기능사
- **생태복원:** 자연생태복원기사, 자연생태복원산업기사
- **온실가스:** 온실가스관리기사, 온실관리산업기사

- **기타:** 자연환경관리기술사, 환경위해관리기사, 광해방지기술사, 광해방지기사, 환경영향평가사, 환경측정분석사, 사회환경교육관리사, 기상예보기술사, 기상기사, 기상감정사

B. 에너지 직무

- **가스화학 에너지:** 광산기술자, 선광기술자, 갱내탐사원, 지하자원탐사기술자, 시추기술자, 석유기술자, 원자력기술자, 원자로공학연구원, 가스제조연구원, 가스시험분석원, 가스용품검사원, 가스품질검사원
- **신재생에너지:** 태양광발전설비설계, 태양광설치원, 태양열발전시스템개발자, 신재생하이브리드 시스템개발자, 해상풍력단지평가원, 풍력타워설계기술자, 자기풍력발전설비운영원, 풍력타워품질검사원, 해양에너지시스템, 바이오에너지연구원, 신재생에너지안전기술연구원, 에너지공정연구원, 음식물쓰레기사료화연구원, 지열폐열연구원, 매립가스분석원, 에너지진단사, 전자제품에너지분석원

(9) 농림 · 어업직무

- **농업:** 농작물유전자원연구원, 식물환경연구원, 원예작물환경연구원, 농업기술정보화연구원, 종자검사원, 원예종묘시험원, 농산물안전성검사원, 총축개량연구원, 축산물이용연구원, 도축실험실연구원
- **임업:** 임업시험연구원, 임상공학연구원, 정밀농업기술자
- **어업:** 수산물종묘기술자, 어구어법기술개발원, 해양생태연구원, 어업자원연구원, 양식기술개발 연구원
- **지도사:** 농촌지도사, 산림경영지도원, 어촌지도사
- **친환경농업직무:** 친환경농자재연구원, 친환경농산물인증사원, 친환경농자재시험원

(10) 공무원, 군무원, 직업군인

A. 공무원

- **일반직**
  - 행정직 공무원: 고위공무원, 정부행정관리자, 정부공공행정전문가, 정부공공행정사무원(조세행정사무원, 관세행정사무원, 병무행정 사무원, 국가지방행정사무원, 공공행정 사무원)
  - 우정직: 계리원, 우편원, 집배원
  - 연구 · 지도직
- **특정직 공무원:** 경찰관, 소방관, 교도관
- **전문경력관:** 일반직 공무원 중 특수 업무 분야에 종사하는 공무원으로 직무의 특성, 난이도, 숙련도에 따라 가, 나, 다 군으로 구분
- **특별사법경찰관:** 수사관을 부여받아 활동하는 행정공무원

B. 군무원: 군대에서 군인과 근무하는 공무원

- **일반 군무원**
  - 행정직 군무원: 행정, 사서, 군수, 군사정보, 기술정보, 수사
  - 시설: 토목, 건축, 시설, 환경
  - 정보통신: 전기, 전자, 통신, 전산, 지도, 영상
  - 공업: 일반기계, 금속, 용접, 물리분석, 화학분석, 유도무기, 총포, 탄약, 전차, 차량, 인쇄
  - 함정: 선체, 선거, 항해, 함정기관, 잠수
  - 항공: 기체, 항공기관, 항공보기, 항공지원
  - 기상: 기상장비, 기상예보
  - 보건: 약무, 병리, 방사선, 치무, 재활치료, 의무기록, 의공, 영양관리
- **특정직 공무원:** 경찰관, 소방관, 교도관

- **전문경력관:** 일반직 공무원 중 특수 업무 분야에 종사하는 공무원으로 직무의 특성, 난이도, 숙련도에 따라 가, 나, 다 군으로 구분
- **특별사법경찰관:** 수사관을 부여받아 활동하는 행정공무원

Tip 군무원 채용 관련 사이트

- 국방부 군무원 채용관리 사이트 recruit.mnd.go.kr/recruit.do
- 육군 군무원 채용관리 사이트 www.goarmy.mil.kr
- 해군/해병대 군무원 채용관리 사이트 www.navy.mil.kr
- 공군 채용관리 사이트 go.airforce.mil.kr:448/mbshome/irms/index.do

C. 직업군인

- **육군 병과 및 주특기(장교, 부사관)**
  - 전투병과: 보병, 기갑, 포병, 방공, 정보, 공병, 정보통신, 항공
  - 기술병과: 화생방, 군수(병기, 병장, 수송)
  - 행정 및 특수병과: 인사/재정, 공보정훈, 헌병, 의무/수의/간호, 법무, 군종, 군악
- **해군/해병대**
  - 장교병과: 함정, 항공, 정보, 정보통신, 병기, 보급, 시설, 조함, 재정, 정훈, 헌병, 의정
  - 부사관 병과: 항해, 기관, 전투체계, 통신/전자, 기능, 행정, 항공, 전문(의무, 조리, 수송, 군약 등)
- **공군**
  - 장교병과: 조종, 운항관제, 항공통제, 방공포병, 기상, 정보통신, 항공기 무기정비, 보급수송, 공병, 재정, 인사교육, 공보정훈, 정보, 헌병, 법무, 군종, 의무

– 부사관병과: 항공통제, 방공포병, 구조, 안전, 기상, 정보통신, 군수(항공), 군수(보급수송), 공병, 정보, 의무, 재정, 총무, 공보정훈, 헌병, 군악, 법무

〈표 8-2〉 향후 10년간 취업자 수 증가 직업 및 증가요인

번호	분야	직업명	증가요인
1	보건 · 의료 · 생명과학	간병인	개인 부담 중심에서 국가지원 중심으로의 돌봄환경의 변화, 치매 및 요양시설 증가
2		간호사	건강관리 및 의료 비용 지출 투자, 간호사의 활동분야 확대, 간호 · 간병통합서비스
3		간호조무사	고령인구 증가, 간호조무사의 활동분야 확대
4		물리 및 직업치료사	고령인구 증가, 보험시장 확대로 인한 의료서비스 증가
5		생명과학 연구원	고령화, 식품 및 보건 연구 활성화, 생명과학 기술 발전 및 사업화 진전, 기업 생명과학 투자 증가, 바이오에너지 및 생물다양성 연구 활성화, 법제도 및 정부정책 요인(제3차 생명공학 육성기본계획, 과학기술 기반 바이오경제 연구 활성화)
6		수의사	반려동물 문화 확대, 글로벌화에 따른 검역업무 증가, 생태계 보존 필요성 증가
7		의사	고령인구 증가, 건강에 대한 관심 증가
8		치과의사	고령인구 증가, 건강보험 적용 확대(고령자 임플란트)
9		한의사	고령인구 증가, 한의학 접목 산업 확대 및 의료기술 수출, 건강보험 적용범위 확대
10	법률	변리사	기술발전에 따른 특허 건수 확대, 법률시장 개방에도 불구하고 특허권의 속지주의적* 특성에 따른 일자리 안정성, 지적재산권의 중요도 상승 * 권리를 획득한 나라에서만 효력 발생
11		변호사	법률서비스 수요 증가세로 인한 고용 증가
12	사회복지	사회복지사	고령인구 증가, 기업의 사회적 책임 강조(사회공헌 및 복지 전담인력 수요 증가), 복지정책 강화 등
13	산업안전	산업안전 및 위험관리원	근로자 및 국민의 산업안전보건에 대한 인식증가와 정부의 안전에 대한 규제강화

번호	분야	직업명	증가요인
14	항공	항공기 조종사	여행 수요 증가, 취항 노선 확대, 화물 수송 증가, 정부의 항공운송사업 신규면허 발급 예정, 先 선발 後 교육 제도 도입 등
15	항공	항공기 객실승무원	여가에 대한 관심 증가, 저비용 항공사의 신규노선 취항 증가
16	컴퓨터네트워크 · 보안	네트워크시스템개발자	IT와 타 산업의 융합, 인공지능 빅데이터에 기반한 초연결사회로의 전환 등으로 신규 직종이 많이 발생
17	컴퓨터네트워크 · 보안	컴퓨터보안 전문가	꾸준한 성장세인 산업계 동향과 인력수급전망 고려
18	건설	한식목공	문화재 보수 예산의 증가, 한옥 신축 증가 등의 영향
19	화학 · 섬유 · 환경 및 공예	에너지공학 기술자	미세먼지 등 환경에 대한 관심 증가, 국내외 신재생에너지 강화정책 등에 따른 연구 · 개발 · 서비스 증가

출처: 한국고용정보원(2019).

워크시트 직업정보 찾아보기

워크넷(www.work.go.kr)에서 자신이 희망하는 직업을 찾아서 적어 봅시다.

내용	직업 1	직업 2	직업 3
하는 일			
되는 길 (교육, 자격, 훈련)			
임금			
전망			
능력/지식/환경			
성격/흥미/가치관			
업무활동			
기타			

Chapter 09

진로의사결정

09 Chapter 진로의사결정

학습목표

1. 진로 미결정의 원인을 파악한다.
2. 진로결정 과정에 따라 합리적 의사결정을 내린다.

1. 진로결정의 중요성

한 개인에게 있어 진로선택은 매우 중요한 일 중 하나이다. 어떤 진로를 선택하느냐에 따라 자아실현, 사회적 지위, 경제적 자유, 인간관계, 가치관 등과 같은 삶의 전반적인 부분이 영향을 받기 때문이다. 청소년기를 거쳐 대학생 시기에 이르면 이와 같이 중요한 진로선택의 기로에 놓이게 된다. 인간 발달 단계에 따르면 대학생 시기는 청년기에 속해 있다. 청년기는 신체적인 면에서 충분한 발달을 거치며 자아정체감이 형성되어 인지적 · 심리적으로 성숙한 단계로 볼 수 있다. 하지만 대학생 시기에 이르면 청소년기에 본격적으로 생각하지 못했던 일들이 새롭게 다가오면서 진로에 대한 고민을 하게 되거나 여러 갈등을 겪기도 한다.

대학생들은 성인들의 보호가 필요한 후기 청소년으로의 특징을 보이기도 하며 대개 19세부터 25세의 연령으로서 직업현장 진출을 통한 경제적 자립을 추구하며 결혼을 통한 사회적 자립을 준비한다. 국내 대학생들은 중고등학교 시절 대부분 대학 진학을 위한 입시 준비에 대부분의 시간을 보내며 성장한다. 고등학교까지 적절한 진로지도가 이루어지지 못한 채 자신이 지닌 흥미나 적성 등에 대해 충분히 생각할 여유나 기회 없이 대학에 진학하는 경우가 아직도 많다.

대학에 진학한 후에도 인간 발달 과업 중 이 시기에 매우 중요한 자기 탐색의 기회를 제대로 갖지 못하는 경우가 많다. 대학생들은 수강과목 결정, 학점 관리, 이성교제, 대인관계, 학비 마련, 아르바이트 구하기, 군 복무, 스펙 쌓기 등의 문제로 인해 많은 갈등을 경험하게 된다. 대학생활에 있어 어떠한 어려움이 있는지 조사한 결과(김광희, 2022)에 따르면 대다수의 대학생들이 학업 스트레스를 선택하였으며, 진로 및 직업 관련 문제, 학업 관련 문제 등으로 나타났다.

대학에서의 전공과 적성이 일치하지 않아 고민하거나, 전공 관련 장래가 다소 불투명하여 휴학, 자퇴를 고려하거나 전과, 편입 등을 준비하며 진로 관련 갈등을 겪는 경우도 많다. 최근 청년 취업기회가 감소하고, 평생직장의 개념이 사라지는 등과 같은 사회 변화로 인해 대학생들의 진로선택은 점점 더 어려워지고 있다. 현재 청년 취업난은 매우 심각한 상황으로 대학 졸업자의 34%가 진로결정을 미루며 휴학, 복학을 반복하는 취업준비생으로 지내거나 학력 수준에 맞지 않는 하향 취업을 선택하는 것과 같이 진로 결정 시 큰 어려움을 경험하고 있다(한국경제연구원, 2021). 이와 같은 어려움에 따른 스트레스와 불안한 심리로 인해 일부 대학생들은 무기력감, 중독, 학습 부진 등에 이르기도 한다.

[그림 9-1] 대학생활의 어려움

국내에서는 지속적인 경기 침체와 취업난이 심화되어 큰 문제를 겪어 왔다. 특히 대학졸업자가 취업시장에 나아가는 데 있어 어려움이 커지면서 대학들은 이러한 문제를 해결하고자 취업률 상승을 위해 진로 탐색을 통한 지원, 취업 상담, 인성교육 강화를 위한 노력을 기울이고 있다. 대학에서는 기존에 소극적 운영에 머물렀던 취업정보실, 취업지원실과 같은 조직과 기구들을 진로와 취업을 위한 전담 지원 센터로 확대, 개편하였다. 또한 기업 내 인적자원관리 부서와 유사하게 대학생 역량을 관리하고 개발하기 위한 전문 기구를 조직하여 운영하는 경우도 있다. 교육과정을 개발하여 운영하는데 있어서도 순수 학문적 접근보다는 취업이나 진로 관련 역량을 신장시킬 수 있는 교과목을 확대하여 개설하는 접근을 취하고 있다.

2. 진로 미결정

대학에 입학한 신입생들은 자신의 진로를 스스로 선택하거나 책임질 준비가 아직 되어 있지 않아 부모나 지도 교수 등과 같은 지지원이 되는 주변의 성인들에게 일정 부분 의지하는 경우가 많다. 특히 부모는 대학생들에게 여전히 중요한 지지원으로 작용하면서 진로 관련 여러 문제와 갈등 해결에 도움을 주며 심리적 안정과 적응에 긍정적 영향을 미칠 수 있다(이영, 2021). 또한 진로 미결정 상태에서 벗어나 대학생 스스로 자신의 진로 문제를 해결할 수 있다는 자신감을 높여 주며 합리적인 의사결정을 내릴 수 있도록 도울 수 있다(박은선, 2008). 자아정체감은 진로발달 과정에 있어 가장 중요한 요인으로 강조되어 왔다(Super, 1994). 대학생의 진로 미결정을 이해하기 위해서는 자아정체감을 고려할 필요가 있다. 진로 미결정 상태에서 벗어나기 위해서는 자신이 누구이며 무엇을 좋아하고, 잘 하는 사람인지에 대한 인식을 바탕으로 한 확신이 요구된다. 이와 같은 자아정체감이 부족하고 낮을수록 진로 미결정 상태에 놓여 있을 가능성이 높은 것으로 보고되었다. 진로결정과 자아정체감의 관계에 있어 자아정체감이 표현되어 나타나는 형태가 곧 직업으로 볼 수 있다(김은진, 천성문, 2001).

진로 미결정은 진로와 관련된 다양한 의사결정을 미루고 있는 상태를 의미한다. 이는 무엇이든 선택하는 데 어려움을 겪어 결정 장애라고 부르기도 하는 우유부단한 심리 성격적 특성에서 파생된 개인의 내적인 문제일 수도 있다. 또는 진로발달에 있어 준비나 정보가 부족하거나 정보의 불일치로 인해 결정을 내리기 어렵기 때문일 수도 있다.

첫째, 진로 미결정에 있어 준비의 부족은 동기의 부족으로 인해 나타나는 경우가 있다. 대학 졸업을 앞두고 있지만 지금 바로 취업을 하는 것보다는 아르바이트로 용돈을 벌면서 못 해 본 여행이나 여가 활동을 우선적으로 해 보겠다는 학생들이 적지 않다. 이는 취업을 하게 되면 사회적 책임과 의무를 다해야 하지만 임금이 자신의 기대만큼 높지 않다면 임시직인 아르바이트를 하는 것이 현재로써는 더 낫겠다는 판단 때문으로 볼 수 있다. 준비의 부족은 결정의 유보로 나타나기도 하는데, 취업을 하기는 해야 하는데 지금 결정하는 것보다 더 나은 조건의 일자리가 등장할 것 같다고 생각하는 막연한 기대에 따른 것일 수 있다. 이러한 상황에 놓여 있다면 합리적 의사결정을 위한 방법에 대해 알아보고 작은 일부터 차근차근 스스로 선택하고 결정하는 연습을 해 나갈 필요가 있다.

둘째, 진로 미결정에 있어 정보가 부족한 상태는 진로결정에 있어 자신에 대한 중요한 정보로서 적성, 흥미, 성격, 가치관 등에 대해 충분히 알고 있지 못한 상태에 있는 경우, 또는 직업 정보수집 방법을 잘 알지 못하는 경우에 해당된다. 영문도 모르고 영문과에 입학했다는 우스개 소리가 있는 것처럼 자신이 어떤 전공과 직무 분야에 관심이 있고 잘 해낼 수 있는지에 대해서 누구보다 스스로 잘 알고 있어야 함에도 불구하고 우리 사회에서는 학생들이 이에 대한 고민과 분석을 충분히 하도록 하지 못하고 당장 학교 성적을 올리도록 하는 데 급급해 왔다. 또한 대학에 진학해서는 초중고 시절 못해 보았던 진로 관련 경험을 체계적으로 하는 데 시행착오를 겪는 경우도 많다. 진로 미결정 상태에서 벗어나기 위해서는 자신과 직업에 대한 정보를 얻기 위한 노력을 충분히 기울이며 대학 내 취업관리센터 등의 전문적인 지원을 받는 것도 좋다.

셋째, 진로 미결정에 있어 정보의 불일치 상태는 신뢰할 수 없는 정보로 인한 것이거나 내적 · 외적 갈등을 겪고 있는 경우에 해당된다. 개인이 좋아하는 일이 동시에 잘 하는 일이면 진로를 결정하는 것이 어렵지 않고 즐거울 것이다. 하지만 선호와 능력에 차이를 보인다면 진로 대안을 결정하는 것이 혼란스러울 수밖에 없다. 또한 자신의 원하는 진로를 지도교수나 가족이 반대한다면 이에 대한 갈등과 불일치로 인해 진로결정이 어려워진다.

3. 진로결정의 과정

진로결정에 있어 개인이 희망하는 최고의 진로를 선택하는 것이 항상 가능하지는 않다. 이상적이라고 꿈꾸는 직업의 모습과 진로 대안의 현실 가능한 범위와 특징이 언제나 일치할 수는 없다. 자신이 바라는 이상적인 직업이 있고, 직업을 보유할 수 있는 가능성이 높으며, 직업 만족도가 크다면 그 직업을 선택할 수 있으나 이와 같은 조건 모두를 만족시키는 직업을 선택하는 것은 실제로 매우 어렵다. 따라서 대부분의 사람들은 이상과 현실적 조건을 두고 갈등하며, 갈등을 조정하기 위한 의사결정에 참여하며 타협을 거치게 된다.

진로결정 과정에서 나타나는 타협이란 의사결정 시 마지막 과정으로 나타나며 개인의 목표 중에서 가장 우위에 있는 부분을 유지하기 위하여 비교적 중요도가 약한 부분을 포기하는 것을 의미한다(Leung & Plake, 1990). 진로결정 시 타협의 과정은 진로탐색을 통해 진로목표로 나아가는 과정에 있어 반드시 최상의 진로대안을 선택하는 것으로 종료되지는 않는다. 오히려 개인이 자아개념을 통해 만족할 만한 선택을 하면서 진로탐색이 종료되는 경우도 많다. 또한 진로를 선택하고 난

후에는 개인이 진로선택을 위해 타협한 과정과 결과에 심리적으로 적응할 수 있어야 한다.

진로결정을 위한 타협과정에서 우선적으로 작용하는 것은 진로발달을 거치면서 확립된 자아개념이다. 특히 발달 초기에 확립된 자아개념이 발달 후기에 확립된 자아개념보다 타협하기 어려운 경우가 많다. 개인에 따라서 어린 시절부터 자신에게는 돈을 버는 것이 더 중요한지, 고귀한 가치를 추구하는 것이 더 중요한지 등에 대한 인식이 어떻게 형성되었는지가 진로결정에 큰 영향을 미친다. 고트프레드슨(Gottfredson, 1981)은 자아개념이 힘과 크기에 대한 인식, 직업적 성역할 획득, 사회적 가치평가에 대한 인식, 고유한 내적 자기 인식의 단계를 거쳐 발달된다고 하였다. 이러한 주장에 따르면 진로발달 과정에서 가장 늦게 형성되는 자아개념으로서 개인의 고유한 성격이나 내적 흥미와 같은 부분이 가장 쉽게 타협될 수 있는 측면으로 볼 수 있다. 진로결정 과정에서 나타나는 타협의 우선순위에 관한 이론을 통해 여러 측면 중에서도 성역할, 흥미, 사회적 지위가 중요한 것으로 보고되었다(Gottfredson, 1981).

첫째, 성역할에서 나타나는 타협은 자신의 성역할에 적합한 직업을 구분하여 적합하지 않은 직업을 선택하는 것을 의미한다. 예를 들어, 생활고를 겪고 있는 여성이 전통적으로 남성들이 선호하는 직업으로 인식되는 버스기사, 중장비기사 등을 선택하는 경우가 이에 해당된다.

둘째, 흥미에서 나타나는 타협은 개인의 소질과 적성에 맞는 일을 포기하는 것을 의미한다. 예를 들어, 글쓰기에 적성과 흥미를 보였지만 안정적인 일자리를 얻고자 공무원이나 교사의 길을 선택하는 경우가 이에 해당된다.

셋째, 사회적 지위에서 나타나는 타협은 진로결정 과정에서 직업의 사회적 계층과 지위로서 학력, 능력, 임금 등의 높은 수준을 포기하는 것을 의미한다. 예를 들어, 박사학위 취득까지 했던 고학력자가 취업난으로 힘들어 하다가 높은 학력 수준이 요구되지 않는 환경미화원 공개채용에 응시하여 일하게 된 경우가 이에 해당된다.

우리 사회에서는 전통적으로 개인을 중시하기보다는 가족중심의 문화구조를 통해 관계를 중시하는 특징을 보인다. 이로 인해 진로발달에 있어 초기에는 개인의 흥미, 능력, 가치관에 따른 발달을 하지만 시간이 흘러 나중에 가서는 가족을 포함한 외부 환경 조건이 큰 영향을 미치게 된다(문승태, 김연희, 2003). 국내 대학 신입생들을 대상으로 진학할 대학과 학과를 선택하는 의사결정의 과정에 대해 타협이론을 기초로 한 연구(황매향, 2002)가 이루어진 바 있다. 이 연구에서는 대학의 명성, 학과의 인기도, 적성과의 일치도가 타협의 주요 요인으로 도출되었다. 대학의 명성과 학과의 인기도는 사회적 지위를 반영하고 있으며 적성은 개인의 흥미를 반영하고 있는 것으로 볼 수 있다. 세 가지 요인을 종합하여 대학 진학 시 타협의 유형이 〈표 9-1〉과 같이 총 여덟 가지로 제시되었다.

〈표 9-1〉 대학 진학 시 타협의 유형

유형	특징
무타협 유형	대학명성, 학과인기도, 적성 어느 쪽도 포기하지 않음
대학명성추구 유형	대학명성을 추구하면서 학과인기도와 적성을 포기함
학과인기도추구 유형	학과인기도를 추구하면서 대학명성과 적성을 포기함
적성추구 유형	적성에 맞는 학과선택을 위해 대학명성과 학과인기를 포기함
적성타협 유형	적성을 포기하고 대학명성과 학과인기를 추구함
학과인기도타협 유형	학과인기를 포기하고 대학명성과 적성유지를 추구함
대학명성타협 유형	대학명성을 포기하고 학과인기도와 적성을 추구함
전체타협 유형	대학명성과 학과인기도, 적성 모든 면을 다 포기함

청년 구직자를 대상으로 한 연구(고지영, 2005)에 따르면 진로 타협요인의 주요 요인으로 직업명성의 하향, 전공과 적성의 유보, 노동시장 진입에의 연기가 도출되었다. 직업명성의 하향은 취업이 가능하다면 낮은 학력을 요구하거나 낮은 임금을 받는 일이라도 하려는 것으로 사회적 지위에 대한 타협을 의미한다. 전공과 적성의 유보는 개인의 적성과 소질에 부합하지 않는 일이라도 취업을 위해 마다하지 않는 것으로 흥미에 대한 타협을 의미한다. 노동시장 진입에의 연기는 취업이 어려운 경우 휴학, 어학연수, 대학원 진학 등으로 취업을 연기하려는 것으로 취업지원 과정에서 개인이 취하는 대안적 모습이라고 볼 수 있다.

4. 진로결정의 방법

진로결정을 위해서는 자신에게 주어진 선택에 있어 작은 결정부터 스스로 해 보는 연습을 통해 의사결정능력을 기르고 이에 따른 합리적 판단을 할 수 있도록 준비해야 한다. 예를 들어, 자신에게 필요한 물건을 구입하기 위해 어떠한 결정을 내릴 것인지 연습해 볼 수 있다. 볼펜 하나를 구입하는데 이 세상에 있는 모든 볼펜들을 비교 대상에 두고 정보를 수집하여 이 중에서 최고의 만족도를 가져다줄 볼펜을 선택하여 구입하는 결정을 한다고 가정해 보자. 이러한 의사결정을 통해 주관적인 평가에 따른 상대적 중요도가 높은 결정을 내리게 되어 개인의 만족도를 높일 수 있으나 수많은 정보를 수집하고 비교 분석해야 하는 정보처리 과정이 지나치게 부담스러울 수 있다.

보다 현실적인 의사결정을 위한 접근으로서 자신을 만족시키는 효용의 최소선을 정하여 탐색과 선택을 하는 방법에 따를 수 있다. 물건을 구입하는 데 중요한 측면들로서 일반적으로 가격, 성능, 디자인, 브랜드 등의 기준들을 고려하게 된다. 예를 들어, 볼펜을 구입하기 위한 기준으로서 가격 1만 원 미만, 볼펜 심 굵기와 필기감을 최소 조건으로 설정하였다면 아무리 디자인이 마음에 든다고 해도 1만 원이 넘는 것은 선택 대상에 포함시키지 않고 배제시킬 수 있게 된다. 이와 같은 의사결정 방식에 있어 중요한 점은 자신에게 최적의 선택을 할 수 있어야 한다는 것이다. 다른 사람에게 중요한 가치 기준이 자신에게는 중요하지 않을 수 있으므로 자신에 대한 이해를 토대로 의사결정에 있어 중요한 가치 기준을 정할 수 있어야 한다.

합리적 의사결정 능력을 기르기 위해서는 다음의 순서에 따르도록 연습해 보면 좋다.

첫째, 왜 이 물건을 구입해야 하는지 생각해 보고 무엇 때문에 결정해야 하는지 분명히 함으로써 목적의식을 명료화해야 한다.

둘째, 자신이 구입할 물건과 관련된 정보와 자료를 수집한다. 책, 인터넷, 신문기사와 같은 정보원을 활용하는 것도 좋고, 이 물건을 구입하거나 사용해 보았던 다른 사람의 의견을 인적 자원으로서 동원하는 것도 좋다.

셋째, 정보와 자료의 수집을 통해 도출된 선택지를 나열해 본다. 자신이 구입할 수 있는 물건의 선택지를 목록으로 작성해서 살펴본다.

넷째, 선택지를 비교분석하고 평가해 본다. 선택지에 포함된 물건들의 장단점이 무엇인지 비교하고 분석해 본다.

다섯째, 선택지 중 하나를 골라 의사결정을 내린다.

여섯째, 선택한 물건을 직접 살펴보고 구체적으로 확인한 후 구매한다. 구매한 물건을 사용해 보고 마음에 들지 않는다면 둘째에서 다섯째의 활동을 다시 해 봄으로써 최종적인 결정을 내릴 수 있다.

워크시트 합리적 의사결정 연습

사고 싶은 물건:

① 목적의식 명료화: 왜 이 물건을 구입해야 하는가?

② 정보와 자료 수집: 구입할 물건에 대한 정보는 무엇인가?

- 책, 인터넷, 뉴스 자료:
- 다른 사람의 의견:

③ 도출된 선택지 나열: 구입할 수 있는 물건의 선택지는?

④ 선택지 비교분석: 선택지의 장단점은 무엇인가?

-
-
-

⑤ 최종 의사결정: 무엇이 가장 만족할 만한가?

⑥ 사용 후기와 평가: 만족할 만한 선택이었나?

워크시트 진로 로드맵 세우기

<table>
<tr><th colspan="2">관심 직업</th><th>필요한 핵심역량</th><th colspan="3">진로 로드맵</th></tr>
<tr><td rowspan="4">선
택
A</td><td rowspan="4"></td><td rowspan="4"></td><td colspan="2">나의 목표</td><td>조건</td></tr>
<tr><td>5년 후 나의 모습</td><td></td><td></td></tr>
<tr><td>10년 후 나의 모습</td><td></td><td></td></tr>
<tr><td>20년 후 나의 모습</td><td></td><td></td></tr>
<tr><td rowspan="4">선
택
B</td><td rowspan="4"></td><td rowspan="4"></td><td colspan="2">나의 목표</td><td>조건</td></tr>
<tr><td>5년 후 나의 모습</td><td></td><td></td></tr>
<tr><td>10년 후 나의 모습</td><td></td><td></td></tr>
<tr><td>20년 후 나의 모습</td><td></td><td></td></tr>
</table>

Chapter 10

목표설정

10 Chapter 목표설정

학습목표

1. 진로목표를 설정한다.
2. 생애주기에 따른 목표를 설계한다.

1. 목표설정의 중요성

미국 예일대의 한 수업에서 학생들에게 목표가 있는지 물어보았을 때 목표를 명확히 제시하는 학생은 3%에 지나지 않았다고 한다. 오히려 목표가 전혀 없다고 응답한 학생들이 84%나 되었으며 목표는 있지만 그것을 표현하기는 어렵다고 한 학생이 13%로 나타났다. 대학졸업 후 학생들의 소득 수준을 비교해 본 결과에 따르면 명확한 목표를 제시하였던 학생들이 나머지 학생들보다 10배에 가까운 소득 수준을 보였으며, 목표가 있었던 학생들이 목표가 전혀 없었던 학생들에 비해 평균 2배의 소득 수준을 보였다(문춘식, 2016). 소득 수준만을 가지고 성공 여부를 비교할 수는 없겠지만 이러한 사례를 통해 목표를 설정하여 어디에 집중하고 무엇을 향해 나아가야 하는가가 중요하다는 점을 배울 수 있다.

"여러분의 목표는 무엇입니까?"라는 질문을 던지면 "건강하고 행복하게 사는 거요!"라는 다소 막연한 대답을 하는 학생들이 많다. 건강하고 행복하게 사는 것은 목표라기보다는 사실 소망에 더 가깝다. 목표는 소망과 달리 보다 명확하고 구체적인 형태로 표현되어야 한다. 또한 주변 사람들에게 언제든지 어렵지 않게 설명할 수 있어야 하며, 목표의 성취 여부를 확인하고 측정할 수 있어야 한다. 다이어트를 통해 10kg을 감량하겠다는 목표가 있다면 이를 하루아침에 달성해 내는 것은 거의 불가능한 일이다. 긴 시간이 필요한 장기목표를 달성하기 위해서는 지금, 오늘 하루, 이번 주, 이번 달과 같은 작은 시간의 범위로 쪼개어 단기목표를 세우는 것이 좋다. 장기목표 달성을 위해 단기목표를 수립하여 실천하는 동안 자신의 목표에 대해 더 잘 이해할 수 있으며 목표 실천에 있어 새로운 가능성을 탐색해 보는 기회가 될 수 있다.

목표에 대한 실천계획을 세운다는 것이 이대로 꼭 실천해야만 하는 최종 결정을 내리는 것을 의미하지는 않는다. 다이어트를 위해 식단 조절을 하려고 했으나 철저히 지키지 못하였다고 해도 운동을 통해 먹은 양 만큼 칼로리를 소비하는 방식을 취할 수도 있는 것이다. 이와 같이 실천계획을 세우면서 자신의 강점을 살려 새로운 영역에 대해 탐색하고 선택하는 과정을 경험할 수 있다. 자신의 경험, 가치, 욕구를 토대로 하여 스스로 목표를 세우고 실천해 가는 과정에서 강점과 능력을 확인하고 평가해 가는 과정은 매우 중요하다. 체중 감량을 많이 못하였다 할지라도 자신에게 잘 맞는 다이어트 방법을 시도해 봄으로써 나중에 이와 유사한 실천 방식을 효과적으로 도출해 내도록 스스로를 이끌 수 있기 때문이다. 즉, 긍정적 가능성을 크게 발견해 내지 못하였다 해도 이러한 과정을 통해 자기 확신과 자기효능감을 높이는 계기로 삼을 수 있다.

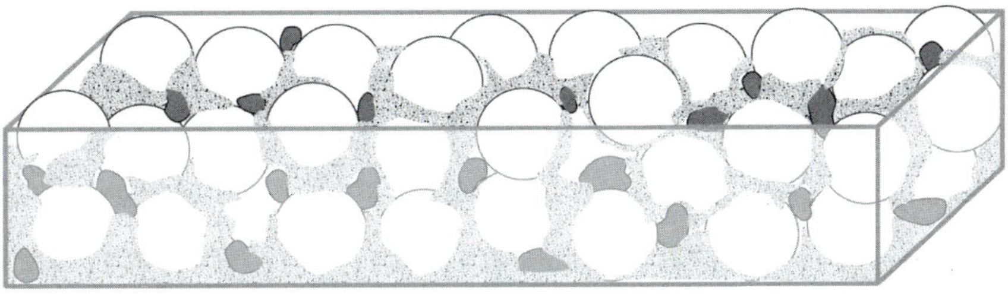

여러분은 앞에 놓여 있는 큰 통을 가득 채우기 위해 탁구공, 자갈, 흙을 어떤 순서로 넣겠는가? 입자가 작은 흙 먼저 쏟아 붓는다면 탁구공과 자갈이 들어갈 공간이 부족할 것이다. 따라서 큰 탁구공을 맨 먼저 넣고, 굵직굵직한 자갈을 그 다음에 넣은 후 남는 공간에 흙을 쏟아 붓는 과정을 거치는 것이 좋다.

이러한 활동을 통해 삶을 보다 풍성하게 채울 수 있는 목표설정 순서에 대해 생각해 볼 수 있다. 인생에서 가장 중요하고 우선순위가 높은 목표를 우선적으로 설정해야 한다. 탁구공은 인생에서 가장 중요한 가족, 건강, 친구, 영성 등일 수 있고, 자갈은 일, 취미 등일 수 있으며, 흙은 일상적으로 처리해야 하는 자잘한 일들로 볼 수 있다. 자신에게 소중한 일을 먼저 선택하여 목표설정으로 이어 가야 인생의 주인으로 자리 잡을 수 있다. 다양한 자기진단 활동과 직접적인 경험을 통해 자신에게 가장 중요한 것이 무엇인지 스스로 발견하고 정확히 알아야 한다. 이를 바탕으로 인생의 우선순위에 따른 장기목표를 먼저 설정하고 그 다음으로 단기목표를 설정하는 순서로 나아갈 수 있는 것이다.

2. 목표설정의 방법: 만다라트 작성

진로의 방향을 정하여 이를 잘 관리해 가고 싶다면 자신의 목표를 설정하고 이를 수행하기 위한 계획을 세워야 한다. 계획 수립은 목표를 성공적으로 달성하기 위한 좋은 전략으로 볼 수 있기 때문이다. 일본 프로야구계에서 괴물 선수로 불리는 오타니 쇼헤이는 고등학교 1학년 때 종이 한 장에 목표를 세워 자신의 미래를 그려 갔다.

몸 관리	영양제 먹기	FSQ 90kg	인스텝 개선	몸통강화	축을 흔들리지 않기	각도를 만든다	공을 위에서 던진다	손목강화
유연성	**몸 만들기**	RSQ 130kg	릴리즈 포인트 안정	**제구**	불안정함을 없애기	힘 모으기	**구위**	이미지 트레이닝
스태미너	가동력	식사 저녁 7수저 (가득) 아침 3수저	하체강화	몸을 열지 않기	멘탈 컨트롤 하기	볼을 앞에서 릴리즈	회전 수업	힘빼기
뚜렷한 목표, 목적을 가진다	일희일비 하지 않기	머리는 차갑게 심장은 뜨겁게	몸 만들기	제구	구위	축을 돌리기	하체 강화	체중 증가
핀치에 강하게	**멘탈**	분위기에 휩쓸리지 않기	멘탈	8구단 드래프드 1순위	스피드 160km/h	몸통 강화	**스피드 160km/h**	어깨 주위 강화
마음의 파도를 만들지 않기	승리에 대한 집념	동료를 배려하는 마음	인간성	운	변화구	가동력	라이너 캐치볼	피칭을 늘리기
감성	사랑받는 사람	계획성	인사하기	쓰레기 줍기	부실 청소	카운트볼 늘리기	포크볼 완성	슬라이더의 구위
배려	**인간성**	감사	물건을 소중히 쓰자	**운**	심판을 대하는 태도	늦게 낙차가 있는 커브	**변화구**	좌타자 결정구
예의	신뢰받는 사람	지속력	플러스 사고	응원받는 사람이 되자	책 읽기	직구와 같은 폼으로 던지기	스트라이크에서 볼을 던지는 제구	거리를 이미지한다

[그림 10-1] 오타니 쇼헤이 선수가 작성한 만다라트

만다라트는 꿈과 목표를 실제 행동으로 이어 주는 마법의 종이이다. '만다라'는 인간이 심리적으로 갈구하는 수행의 방법을 의미하며 만다라트는 '만다라 차트'라고도 불린다. 만다라트는 가로 8칸, 세로 8칸으로 총 64칸으로 구성되며 각각의 칸은 자신의 생각, 사고방식을 반영하여 중심을 향해 파고들어 간다. 만다라트 작성은 자신의 마음을 64칸으로 나누어 마침내 마음의 핵에 도달하는 방식으로 볼 수 있다.

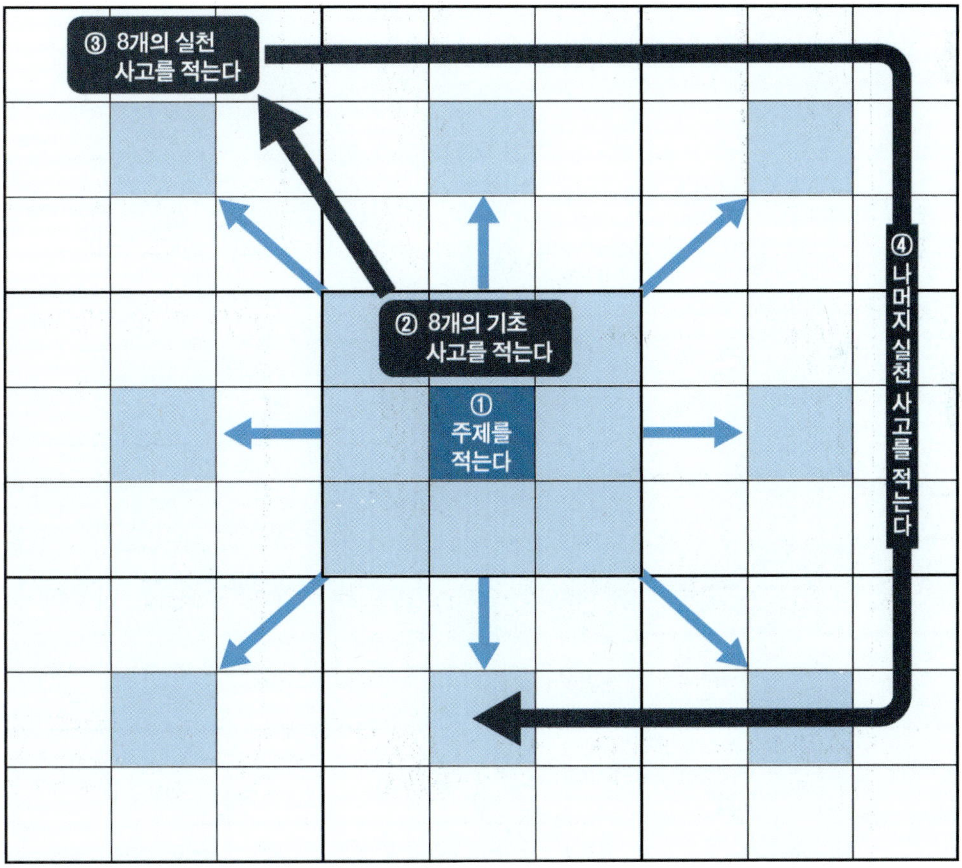

만다라트 작성 방법은 다음과 같다.
1단계) 맨 가운데 칸에 '주제'를 적는다.
2단계) 주제를 둘러싼 8개 칸에 '기초사고'를 적는다.
'기초사고'는 주제 달성에 필요한 세부적인 목표와 활동을 의미한다.
'기초사고'는 마음, 기술, 몸, 생활의 4개 요소로 조화롭게 작성하는 것이 좋다. 이러한 4개 요소가 균형 있게 적절히 배치되면 목표 달성이 훨씬 더 쉬워진다.

- 마음: 강인한 정신력, 긍정적 사고, 감정 조절, 감사하는 태도 등
- 기술: 전공 스킬, 경력, 테크닉 향상, 자기분석, 연습, 노력 등
- 몸: 체력 증진, 지속적인 훈련, 건강 관리, 컨디션 유지 등
- 생활: 여가 시간 보내기, 가족관계, 친구관계 등

3단계) 8개의 '실천사고'를 적는다. 구체적인 행동과 활동을 하는 장면을 떠올릴 수 있도록 구성한다. '실천사고'는 마감 행동과 루틴 행동으로 구성된다.

- 마감 행동: 주제 달성을 위해 언제까지 무엇을 할 것인지를 정하여 실천하는 행동
- 루틴 행동: 반복적으로 실천할 수 있는 습관화된 행동

만다라트는 평균 1시간 정도면 충분히 그릴 수 있다. 주제와 8개 기초사고를 정하는 데 20분, 8개 실천사고를 정하는 데 각 5분씩 40분 정도를 들이면 완성해 볼 수 있을 것이다. 이렇게 하면 하나의 주제에 대한 64개의 실천사고를 만들어 볼 수 있다.

만다라트 기입 시간 설정(60분)

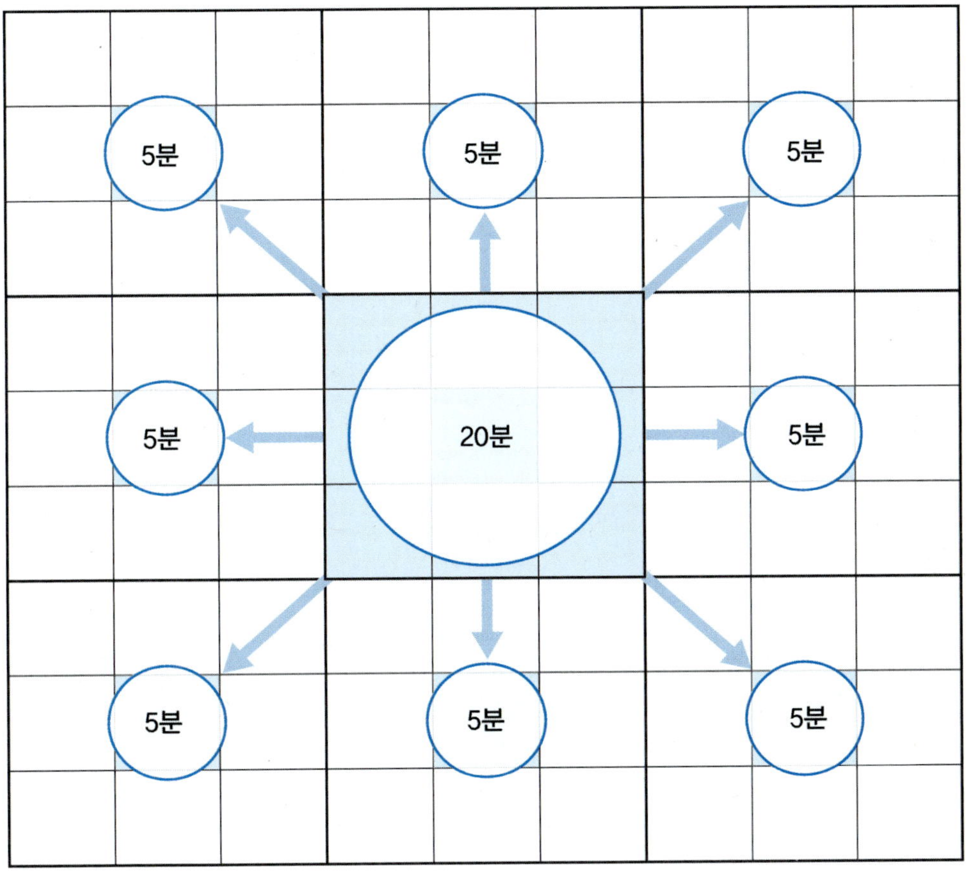

워크시트 만다라트 작성

빈 칸에 자신의 만다라트를 작성해 봅시다.

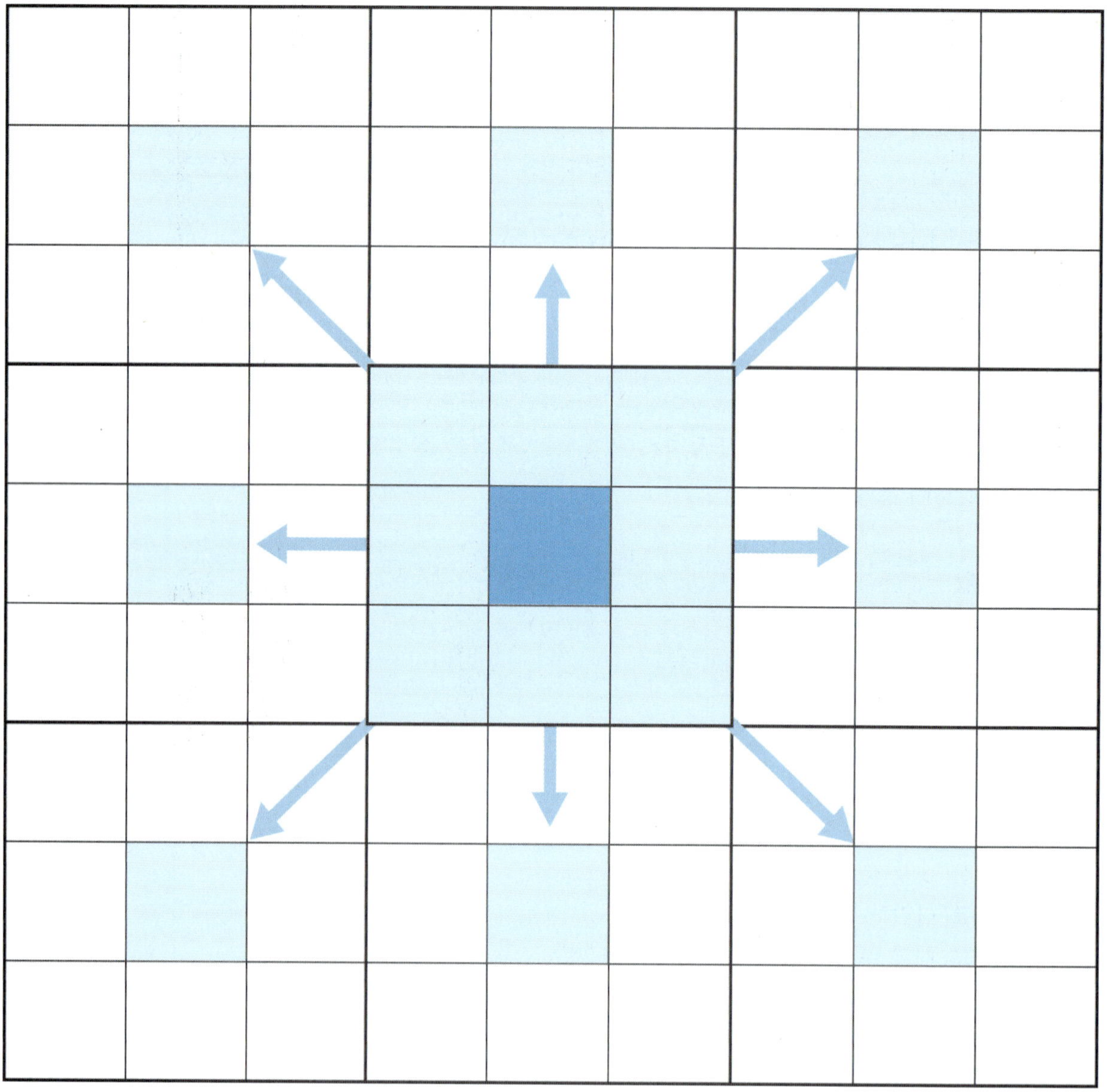

3. 목표 관리 방법

일반적으로 장기목표는 3년에서 5년 정도가 걸리는 목표를 의미하며 단기목표는 1년 이내에 달성할 수 있는 목표를 의미한다. 단기목표는 구체적인 계획을 통해 실천해 나갈 수 있지만 장기목표에 도달하는 것은 다소 막연하게 느껴지기도 한다. 그렇다면 장기적인 인생의 목표와 꿈을 이루기 위해서는 어떻게 해야 할까? 우리 삶에서 목표는 단 하나일 수 없기 때문에 여러 가지 목표를 동시에 실행해 내는 것이 부담스러울 수 있다. 따라서 자신에게 가장 중요한 목표가 무엇인지 정하여 초점을 맞추어야 한다. 또한 다양한 목표의 우선순위를 고려하여 균형 있게 조화를 이루어 실천하기 위한 계획이 필요하다. 목표설정을 위해 시간을 투자하여 자신에게 중요한 방향을 정하고 우선순위를 결정해 가야 한다. 이를 통해 자신이 통제할 수 있는 범위 안에서 할 수 있는 일에 시간과 노력을 투입할 수 있게 된다.

다양한 목표에 성공적으로 도달하기 위해서는 목표를 설정하고 관리하는 팁을 참조하면 좋다.

목표에 도달하기 위한 팁

- 삶에 도움이 되는 목표를 설정한다.
- 여러 가지 목표를 동시에 설정한다.
- 목표의 우선순위를 정한다.
- 목표 분류의 범주(장기－단기, 개인적－직업적, 긴급－보통 등)를 정한다.
- 규칙적으로 목표설정을 한다.
- 목표는 잘 보이는 곳에 붙여 둔다.
- 목표는 항상 볼 수 있도록 가지고 다닌다.
- 기준을 마련하여 목표를 점검한다.
- 목표에 대해 주변 사람들과 대화를 지속한다.
- 목표에 성공적으로 도달하면 스스로에게 보상한다.
- 목표에 도달하지 못하면 목표를 변경하거나 재설정한다.

4. 바람직한 목표실행 방법

1) 목표실행 조건 확인하기

우리는 주변에서 자신의 꿈이 있었지만 그것을 이루지 못했다는 사람들의 이야기를 자주 접하곤 한다. 평생에 걸쳐 후회나 아쉬움을 남길 수도 있는 막연한 꿈이 아니라 이룰 수 있는 목표를 세우고 이를 충실히 실행하기 위해서는 어떻게 하면 좋을까? 목표는 자신의 능력, 특성과 관련된 것이어야 하고, 다른 사람이 정해 준 것이 아닌 자신이 스스로 설정한 것이어야 이에 몰입하여 실행해 나갈 수 있다. 스스로 목표를 정한 다음에는 목표실행을 하기 위해 실제 고려해야 할 사항에 대해 분석해 보아야 한다. 또한 목표는 현실에 바탕을 두고 있어야 실제 삶의 일부로 스며들어 실천을 통해 미래를 만들어 갈 수 있다.

목표실행을 위해서는 우선 자신이 보유한 능력에 대한 믿음이 있어야 한다. 그 후 자신에게 다가오는 기회를 신중히 평가해 보아야 한다. 자신의 능력으로 기회를 실현할 수 있는 가능성이 있는지 판단해 보는 과정을 통해 목표실행에 대한 힘을 얻을 수 있다.

2) 목표실행 가능하게 만들기

많은 사람들이 목표실행에 실패하는 이유는 무엇일까? 인생을 살아가면서 자신의 목표를 정하지 못했거나, 자신이 보유한 소질과 능력을 활용하여 목표를 달성하기 위한 에너지를 집중하기 못해서 때문일 것이다. 이와 같이 목표실행을 위해서는 목표를 행동으로 실천해 가는 것이 무엇보다도 중요하다. 목표는 실천해 가는 과정에서 실제적인 계획으로 자주 변화하게 된다. 목표실행은 우선순위에 따른 선택과 결정 등을 기초로 하여 가능해지기 때문이다. 목표를 실행하는 경험을 통해 우리는 긴 인생에서 스스로가 어디를 향해 나아가야 할지 일관된 방향을 발견하게 된다.

목표실행에 힘을 주는 첫 번째 요소는 성취동기이다. 성취동기는 가치 있고 훌륭한 목표에 도달하고자 하는 동기와 욕구를 의미한다. 수업 시간에 질문을 던졌을 때 마치 자신에게 질문이 주어진 것처럼 적극적으로 답을 하고자 노력하는 학생이 있는가 하면, 다른 누군가가 대답할 것이라 여기며 소극적인 모습을 보이는 학생도 있다. 이와 같이 성취동기에 있어 개인차를 보이기 마련이지만 성취동기를 높게 가지는 것은 목표실행에 도움이 된다는 점을 기억하는 것이 좋다. 성취동기가 높은 사람들은 자신이 실패하면 어쩌지 하는 불안보다 긍정적으로 성취하고 성공해 냈을 때 만족감이 더 큰 편이다. 또한 성취동기가 높은 사람들은 달성하기 다소 어려운 목표라 할지라도 위험요소를 인지하고 최대한 주의를 기울이면서 도전하고자 한다.

목표실행에 힘을 주는 두 번째 요소는 자신의 행동과 노력을 중요하게 여기는 태도이다. 심리학자들에 따르면 개인의 성공과 실패의 원인을 사람들이 어디서 찾는지 연구한 결과를 통해 귀인이론(attribution theory)을 제시하였다. 이는 성공과 실패의 원인을 운, 과제의 난이도, 능력, 노력 중 어디에서 찾을 수 있다고 생각하는지에 대한 경향성을 의미한다. 성적표에서 A+를 확인한 학생이 스스로 잠을 줄여가며 열심히 공부한 결과라고 생각한다면 이후에도 원하는 성공을 위해 열심히 노력해야겠다고 생각할 것이다. 하지만 시험이 쉬웠거나 운이 좋아서 성적이 높게 나왔다고 여기면 다음에 어떻게 행동하고 준비하면 좋을지 모호해질 수 있다. 따라서 인생은 운명이나 과제의 난이도와 같은 외적 환경에 따른 것이 아니라 자신의 행동과 노력과 같은 내적 원인에 따라 달라질 수 있다는 믿음을 갖고 목표실행을 향해 나아갈 필요가 있다.

목표실행에 힘을 주는 세 번째 요소는 긍정적 마인드이다. 목표를 향해 나아가는 과정에서 우리는 매 순간 흔들릴 수 있다. 자신의 능력에 대한 확신이 부족하고 과연 올바른 방향으로 가고 있는 것이 맞는지 의심스러울 수 있다. 이러한 때 스스로 삶을 긍정적으로 조절할 수 있다는 신념은 도움이 된다. 막연하고 근거 없는 낙관성을 내세우는 것이 아니라, 그동안 해 왔던 스스로의 노력과 작은 성공의 경험들을 떠올리며 차근차근 더 나아질 것이라는 합당한 믿음을 통해 삶에 대한 확신을 키워갈 수 있을 것이다.

3) 생애주기에 따른 지속적 목표 개발하기

(1) 청소년기

청소년기에 속해 있는 학생들은 대부분 대학 진학을 준비하게 되므로 우선 대학에 잘 적응해 갈 수 있도록 해야 한다. 미국에서 대학에 진학하기 전 고등학교 학생들에게 여름 학기 프로그램(Summer Bridge Program)을 통해 대학 전환 프로그램으로 활용되는 사례가 있다. 대학 전환 프로그램은 사회적, 학업적 삶을 통합하기 위한 목적으로 대학 내에서 대학생과 공동생활을 통해 예비 대학의 형태로 운영되고 있다. 대학 진학 후 학업에 요구되는 학습 기술을 개발하기 위한 프로그램 내용으로 구성된다. 구체적 사례로는, 첫째, California Berkeley 대학교에서 6주간 제공되는 고등학교 및 대학 전환 프로그램을 살펴볼 수 있다. 이 프로그램에 참여하는 학생들은 수학, 영어, 화학, 사회과학 교과목을 통해 대학에서 효과적인 학업을 위한 준비 과정을 거친다.

[그림 10-2] University of California Berkeley 사례

(http://summer.berkeley.edu/)

둘째, California San Diego 대학교에서 4주간 운영되는 고등학교 및 대학 전환 프로그램을 살펴볼 수 있다. 이 프로그램에 참여하는 학생들은 수학, 과학, 쓰기, 현재 쟁점, 리더십, 비판적 사고와 관련된 수업을 통해 대학의 다양한 자원을 활용하고 리더십을 형성한다.

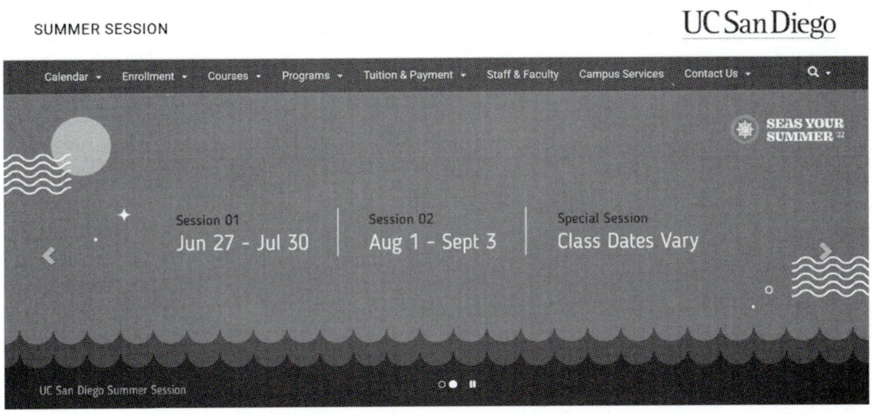

[그림 10-3] University of California San Diego 사례

(http://summersession.ucsd.edu/)

(2) 청년기

대학생을 비롯한 청년들은 다양한 경험과 학습을 통해 본격적으로 자신의 진로를 설계해 가야 한다. 대학생 코칭 프로그램 운영 효과 분석과 활성화 방향 모색 연구(조성진, 2013)에 따르면 2010년부터 2012년까지 3년 동안 진행된 3개 대학 4건의 대학생 코칭 프로그램에 참가한 대학생 192명이 코칭을 받은 후 자신의 느낌을 서술한 문서와 면접, 그리고 관련 문서를 바탕으로 대학생 코칭 프로그램의 현황, 효과, 특징 및 문제점을 살펴보았다.

〈표 10-1〉 코칭의 효과

차원	범주
진로탐색, 취업준비를 위한 실행력 향상	막연한 목표의 구체화, 계획수립과 실천의 중요성 인식, 시간 관리의 습관, 불필요하고 낭비적 행동 중단, 학습능력 향상, 삶의 방향 정립, 자신이 정한 기존 목표 확신, 분명한 목표 설정, 진지한 미래 고민과 적성 탐색, 구체적 취업 계획 수립, 직업관의 변화
자신감 회복과 심리적 평안	자신감 회복, 불안감 · 압박감 · 두려움 · 스트레스 해소, 자기주도적 삶의 중요성 인식, 의사결정주체로서 나를 인식, 심리적 평안, 자존감 향상, 긍정적인 마인드로 전환, 결단력과 용기의 중요성, 미래에 대한 기대와 삶의 질 향상, 동기유발
코칭의 효과성 체험을 통한 확산 기대	코칭과 상담 등의 차이 이해, 후원자 · 지지자 존재에 대한 감사, 코칭에 대한 인식 전환
대인관계와 가족의 중요성 인식	대인관계의 중요성 인식과 대인관계의 폭 확대, 가족에 대한 감사와 가족관계의 중요성 인식, 언어 사용 습관 변화
자기이해와 가능성 발견	주체성 확립, 성장 가능성 발견, 가치관 정립, 사고방식의 변화, 자기효능감 향상

이 연구에 따르면 대학생 코칭 프로그램은 대학생들에게 비교적 유용하고 효과적인 것으로 나타났다. 대학생들의 진술과 면접 결과에서도 나타났듯이 대학생 코칭 프로그램은 대학생들의 진로 탐색과 설계, 취업준비 및 취업 역량 강화의 필요성 인식, 이에 필요한 학습능력 향상의 필요성 인식, 대학생 개인의 인식과 습관 변화를 통한 자기계발 의욕 고취에 긍정적인 영향을 미치는 것으로 나타났다. 그리고 코칭은 대학생 자신의 변화에 필요한 실질적인 행동을 이행하도록 격려하고 지원한다는 차원에서 의미 있는 역할을 했고, 일정한 효과도 있는 것으로 나타났다. 또한 코칭은 지금 일부 대학 현장에서 실시되고 있는 '미래설계상담'의 대안 중의 하나가 될 수 있다는 가능성도 확인하였다. 따라서 이런 효과와 가능성 및 대학생들의 지속 실시 요구 등을 감안하여 대학생 코칭 프로그램의 문제점을 보완하여 앞으로 지속적으로 실시하는 것이 바람직할 것으로 보인다.

대학생 코칭 프로그램을 체계적으로 진행하기 위해서는 '대학생 진로코칭 모형'을 개발할 필요가 있다. 앞선 분석에서 대학생 코칭 프로그램은 대학생들의 진로탐색과 진로결정에 도움이 되는 것으로 나타났다.

〈표 10-2〉 대학생 코칭 프로그램 사례

구분	사례 A (대학 학과 주도형)	사례 B (대학 기관 주도형)	사례 C (코치 주도형)	사례 D (정규과목 개설형)
대학 (주관부서)	C대 (경영학과)	C대 (인재개발원)	K대 (대학원 총학생회)	J대 (교양학과)
프로그램명	학습 및 취업진로 탐색을 위한 코칭	P2P(일대일) 맞춤형 커리어코칭	코칭으로 통하다	진로설계 및 코칭리더십
실시목적	학습 능력 향상, 취업 및 진로 탐색	진로 및 적성 탐색과 취업 준비	의사소통능력 향상, 대인관계 및 진로	진로탐색 및 설계 지원, 코칭 실습
코치 수	1차: 5명 2차: 6명	1차: 14명 2차: 15명	7명	1차: 13명 2차: 24명
코칭 고객 수	1차: 20명 2차: 13명	1차: 44명 2차: 33명	15명(석/박사과정)	1차: 67명 2차: 96명
코칭시간(연)	1차: 240시간 2차: 156시간	1차: 249시간 2차: 182시간	90시간	1차: 268시간 2차: 84시간
코칭 형태	1:1 대면 코칭/텔레 코칭	1:1 대면 코칭/텔레 코칭	1:1 대면 코칭/텔레 코칭	1:1 대면 코칭/텔레 코칭
코칭 비용	유료 코칭	유료 코칭	무료 코칭	무료 코칭
주요 내용	• 사전 코칭 교육 진행(2일간) 회수: 주 1회/인(총 12회) 시간: 50분 내외/회기	• 사전 코칭교육 진행(2일간) • 코칭 진행 회수: 주 1회/인(총 6회) 시간: 50분 내외/회기	• 사전 안내(2시간) 코칭 진행 회수: 주1회/인(총 6회) 시간: 60분 내외/회기	• 1학기 강의(15주×2시간) • 코칭 진행 회수: 주1회/인(총 4회) 시간: 50분 내외/회기
주요 특징	• 경영교육인증 준비 차원에서 진행 • 학생 윤리교육 병행 • 주관자와 수혜자가 상이함	• 정부 재정 지원 • 주관자와 수혜자가 상이함	• 사회적 이슈(자살 등)을 계기로 시작 • 주관자와 수혜자가 동일함 • 코칭 이슈가 주로 의사소통과 대인관계 상의 문제였음	• 정식 교과목(교선)으로 개설, 진행 • 다양한 코칭 실습 병행 • 동료코칭/현장코칭 실습 • 전문코치에게 코칭 받음 • 자격증 취득 가능
평가방법	참가자 소감문 작성	참가자 소감문 작성	참가자 소감문 작성	성적평가: 필기/실기

결국 향후 전개될 대학생 코칭 프로그램은 대학생의 진로탐색과 설계, 취업 역량 강화 및 학습능력 향상과 직결되어야 그 존재가치를 인정받을 것이다. 또한 대학생 진로코칭 프로그램을 전담할 코치를 체계적으로 양성할 필요가 있다. 대학생 코칭 프로그램의 성공을 위해 가장 중요한 것은 관련 전문 인력, 즉 전문코치의 확보이다. 왜냐하면 전문성과 효율성 차원에서 대학교수들이 모두 담당하기에는 현실적으로 무리가 있다. 따라서 이 일을 전문적으로 담당할 코치를 양성, 대학생 코칭 프로그램에 투입하는 체계를 마련할 필요가 있다.

(3) 성인기

청년을 포함한 성인학습자의 진로교육 측면에서 생애주기별 역량 개발 로드맵에 따른 학습을 지원하려는 움직임이 활발하게 이루어져 왔다. 우선 개인의 생활시간 및 생애주기를 고려한 수요자 중심의 역량 개발 로드맵을 수립할 수 있다. 이때 생애주기별 성인 초기, 성인 중기, 성인 후기에 따라 요구사항이 상이하므로 이에 따른 맞춤형 프로그램 개발이 필요하다. 다음으로 개인의 생애주기별 역량 개발의 주요 사항을 세분화하여 체계화된 주요과제를 도출해야 한다.

교육부에서 발표한 '평생학습진흥종합계획'의 개인 생애단계별 평생교육 중점 추진 내용은 〈표 10-3〉과 같다. 특히 학습과 고용의 연계 순환 교육을 강조하고 있는데 이는 생산성 증가에도 고용이 감소하는 산업 구조로 1인 창조기업 중심의 고용시장으로 변화할 것임이 예측되기 때문이다. 이에 따라 산업 구조 변화에 맞춘 지식형 서비스업 중심의 학습–고용 순환 교육 필요하다. 예컨대, 사회 초년생 뉴스타트 프로그램, 워킹맘 보육–직업훈련 연계 프로그램, 직업진로 교육 프로그램 등이 강조되고 있다.

〈표 10-3〉 개인 생애단계별 진로 관련 교육 중점 추진 내용

<table>
<tr><th>구분</th><th>성인입문기
(20~24세)</th><th>성인 전기
(25~39세)</th><th>제1생애
전환기
(40~44세)</th><th>성인 중기
(45~54세)</th><th>제2생애
전환기
(55~59세)</th><th>성인 후기
(60~69세)</th><th>성인 완성·
정리기
(70세~)</th></tr>
<tr><td rowspan="2">자아
실현</td><td>생애설계
취업·진로
교육</td><td></td><td colspan="2">제2인생설계 준비교육</td><td>은퇴 후
생애
설계교육</td><td></td><td>생애 정리
교육
기본생활
적응 교육</td></tr>
<tr><td></td><td></td><td colspan="2">노후대비 교육</td><td>건강교육
(심리적 위기
극복 및
노인 질환
대비 등)</td><td>노후 건강
관리 교육</td><td></td></tr>
<tr><td>고용
가능성</td><td>직무기초
능력교육
(팀워크,
리더십
교육 등)</td><td>직무능력
전문화 교육</td><td colspan="2">제2직업준비교육
창업·전직·전업준비
교육, 경력단절 여성
직업교육 등</td><td></td><td>노후 커리어
관리 교육</td><td></td></tr>
<tr><td rowspan="2">사회적
포용</td><td>부모역할
교육</td><td>부모역할 및
자녀교육</td><td colspan="2">가족갈등 해소 교육
(부부 간, 부모·자녀 간)</td><td></td><td>세대 간
통합 교육</td><td></td></tr>
<tr><td></td><td></td><td colspan="2">지역사회 참여교육 및
사회봉사 활동 교육</td><td>지역사회
참여 교육</td><td>사회 봉사
활동 교육</td><td>사회 관계
개선 교육</td></tr>
</table>

이와 같이 생애주기에 따라 지속적 학습 자원활동 및 희망하는 직업연계를 통한 평생학습의 실천이 요구되고 있다. 구체적으로 지역 사회 평생학습 리더 양성 프로그램 개발 및 운영이 활성화되고 있으며, 평생학습 지역경제형 자원활동가 양성과정 운영을 통한 학습 자원 활동의 전문성과 지도력을 제고하고 있다. 이를 위해 관련 프로그램 수료를 통한 지역사회 내 지식과 기술의 활용으로 자원활동 활성화 및 주민 삶의 질 향상도 지원할 수 있다.

또한 고령화 사회를 대비한 성인 후기 특화 프로그램 개발·운영하기 위한 노력이 활발하게 이루어지고 있다. 노인들의 사회·경제활동 참여가 증대하고 있으며,

노년기를 유익하게 보내기 위한 노인교육의 수요가 증가하고 있는 현황이다. 이에 따라 고령자에게 적합한 직종을 발굴하고 직업능력을 개발할 수 있는 기회를 확대함으로써 노년기 취업을 활성화하고 고령화 사회에서 사회적 부담을 경감할 수 있을 것이다.

워크시트 생애주기별 목표 설계

생애주기(life cycle)에 따른 목표를 설계해 봅시다.

내용	주요 목표	준비 과정	달성 방법
청소년기			
청년기			
성인기			
노년기			

Chapter 11

진로장벽

11 Chapter 진로장벽(Career Barrier)

학습목표

1. 진로준비행동을 시작한다.
2. 문제해결력을 높여 진로장벽을 극복한다.

1. 진로준비행동

대학생들은 대학에서 학업을 마치고 나서 바로 직업 세계로 진입해야 하는 중요한 시기에 놓여 있다. 이들에게는 자신의 진로에 관한 합리적 결정을 내리고, 결정한 방향에 따른 실천과 성취를 위해 구체적인 진로준비행동이 요구된다. 진로준비행동에는 바람직한 진로를 결정하기 위해 해야 하는 행동과 더불어 진로 결정 이후 이에 대한 실천 행동도 포함된다. 진로 의식과 관련 태도가 성숙해졌다고 하더라도 실제적인 준비나 직접적인 행동으로 이어지지 못한다면 진로목표를 달성하는 것은 어려워질 수밖에 없다. 따라서 직업 세계로 진입하기 위한 대학생의 진로준비행동에 큰 관심이 기울여지고 있다.

대학생 진로준비행동은 일찍 시작되면 될수록 원하는 취업을 할 가능성이 높아지고, 진로준비행동의 빈도가 늘어날수록 취업 지원이나 면접 참여 횟수가 증가하여 취업 성공 확률이 높아지며 취업에 대한 만족도도 높아지는 것으로 나타났다(김현순, 2020). 본격적인 진로준비행동을 시작하는 대학생들에게 학년, 성별과 같은 개인 특성은 큰 연관성을 보이는 것으로 보고되어 왔다(정미경, 2019). 특히 대학에서 고학년이 될수록 진로준비행동이 크게 나타나고 있어 저학년부터 체계적인 진로준비가 이루어질 수 있도록 해야 한다는 주장이 제기된 바 있다.

진로준비행동은 진로를 바람직하고 합리적으로 결정하기 위한 결정에 따른 실천이 이어질 수 있도록 하는 행동을 의미한다. 이는 개인의 진로와 관련된 인식과 태도뿐만 아니라 구체적으로 실천할 수 있는 행동도 포괄하는 개념으로 볼 수 있다. 대학생 시절 진로에 대한 계획을 세우고 준비를 철저히 해 두었더라도 직접적으로 실천하지 않으면 진로목표를 효과적으로 달성하기는 어렵다. 따라서 자신의 흥미, 적성, 능력, 가치관 등에 부합하는 진로에 대한 체계적인 준비와 수행이 무엇보다 중요하다.

대학생 시기에는 진로목표에 따른 성공적인 취업을 위해 전략적으로 진로준비행동을 할 필요가 있다. 자신의 전공에 따른 학업과 다양한 경험을 토대로 하여 스스로와 외부 환경에 대한 이해의 폭을 넓히는 것이 좋다. 이에 따라 자신의 특성과 사회 변화에 맞는 진로를 설계하고, 상황에 따라 진로 계획을 수정해 가는 과정을 통하여 실질적인 준비를 할 수 있다. 실질적 진로 준비 과정을 통해 취업으로 연계될 가능성을 높일 수 있으며 향후 사회에 적응하고 만족스러운 직장 생활을 할 수 있게 될 것이다(한종임, 장유진, 2021).

워크시트 진로준비행동 검사

문항	①	②	③	④	⑤
1. 지난 몇 주 동안 친구나 선배들과 나의 적성 및 앞으로의 진로에 대해 이야기를 나눠 본 적이 있다.					
2. 지난 몇 주 동안 부모님과 나의 적성 및 앞으로의 진로에 대해 이야기를 나눠 본 적이 있다.					
3. 지난 몇 주 동안 내가 관심을 갖고 있는 직업이나 진로와 관련된 책이나 팜플렛 등을 찾아보거나 읽어 본 적이 있다.					
4. 지난 몇 주 동안 내가 관심을 갖고 있는 진로와 관련하여 교육기관 혹은 교육훈련 프로그램을 찾아보거나 참석한 적이 있다.					
5. 지난 몇 개월 동안 내가 관심을 갖고 있는 직업이나 진로와 관련된 기관에 직접 방문해 봤거나 또는 방문계획을 세운 적이 있다.					
6. 지난 몇 개월 동안 내가 관심을 갖고 있는 직업이나 진로와 관련된 TV프로그램, 전시회, 설명회 등을 시청하거나 참관하였다.					
7. 지난 몇 주 동안 내가 관심을 갖고 있는 직업이나 진로와 관련된 자료를 인터넷을 통해 탐색해 본 적이 있다.					
8. 지난 몇 개월 동안 내가 관심을 갖고 있는 직업이나 진로분야에 진출하기 위한 자격조건이 무엇인지 구체적으로 알아본 적이 있다.					
9. 지난 몇 개월 동안 내가 관심을 갖고 있는 직업이나 진로와 관련된 전문가들과 이야기를 나눠 본 적이 있다.					
10. 지난 몇 개월 동안 진로문제를 상담하기 위해 취업 관련 부서나 그 외 상담기관을 방문해 본 적이 있다.					
11. 앞으로 내가 관심을 갖고 있는 직업(진학)에 입문하기 위해 그 준비에 필요한 교재 또는 참고서적, 기타 필요한 기자재를 구입한 경험이 있다.					
12. 앞으로 내가 관심을 갖고 있는 직업(진학)에 입문하기 위해 이미 구입한 교재 또는 참고서적, 기타 필요한 기자재 등을 가지고 진로준비를 하고 있다.					
13. 앞으로 내가 관심을 갖고 있는 직업(진학)에 입문하기 위해 학원 등에 다니면서 준비를 하고 있다.					
14. 내가 관심을 갖고 있는 업체에 대해 여러 가지 정보(취업방법, 보수, 승진제도, 전망 등)를 수집하거나 혹은 그런 계획을 세우고 있다.					
15. 내가 설정한 진로목표(취업 또는 진학)를 달성하기 위해 수행할 일들을 항상 체크하고 있으며, 앞으로 할 일들에 대해서도 구체적으로 계획을 세우고 있다.					

출처: 윤정혜(2020).

* ① 전혀 그렇지 않다. ② 약간 그렇지 않다. ③ 보통이다. ④ 약간 그렇다. ⑤ 매우 그렇다.

2. 진로장벽에 대처하기

1) 진로장벽의 의미

직업 세계로 진입하는 것이 사회경제적 구조 요인으로 쉽지 않은 상황에서 많은 대학생들은 진로준비행동을 하는 과정에 있어 여러 진로장벽을 경험하지 않을 수 없다. 대학생 시절 진로 관련 다양한 경험들을 수행하게 되는데 이 과정에서 개인의 역할행동을 방해할 것으로 여겨지는 사건을 겪게 된다면 진로를 선택하고 포부를 갖는 데 부정적 영향을 받게 된다. 예를 들어, 뮤지컬 배우가 되기 위해 노래와 춤을 열심히 연습하고 있는 자녀에게 부모가 "네 실력으로 뮤지컬 배우가 된다고 한들 그런 직업을 갖고 생계유지가 되겠니?"라며 반대한다면 의기소침해질 수밖에 없을 것이다. 진로장벽은 개인이 진로를 선택하여 실행하는 과정에 있어 목표의 실현을 방해하고 가로막는 내적 · 외적 요인들을 의미한다. 진로장벽에 직면한 학생들은 진로목표를 향해 나아가는 데 있어 개인 특성으로서 흥미, 동기, 능력 등의 부족과 같은 내적 장벽으로 어려움을 겪거나, 외부 환경으로서 가족의 반대, 경제적 어려움 등과 같은 외적 장벽으로 힘겨워 한다.

진로 결정 과정에서 진로장벽을 느끼게 되면 자신감이 떨어지고 진로계획이 복잡하게 되어 목표의식이나 동기가 떨어져서 진로선택이나 준비행동을 보이며 취업하려는 의사를 지니고 취업을 이행하는 데 좋지 않은 영향을 받을 수 있다. 진로장벽을 좌절진로장벽과 극복진로장벽으로 구분한 김선중(2005)에 따르면 좌절진로장벽에는 흥미와 정보의 부족, 개인의 성격 문제 등이 포함되어 진로준비행동에 부정적 영향을 미친다고 하였다. 이에 비해 극복진로장벽에는 부모와의 갈등, 신체적 열등감 등이 포함되지만 이들은 진로준비행동에 긍정적 영향을 미친다고 하였다.

진로장벽이란 진로와 관련된 것들을 경험하고 실천하는 과정에서 개인의 목표, 동기, 포부, 진로선택에 영향을 미치거나 방해가 될 것으로 여겨지는 부정적 사건을 의미한다. 진로장벽은 진로와 관련된 의사결정에 있어 어떤 사람들에게는 방해가 되기도 하지만 어떤 사람들에게는 진로발달을 촉진하는 역할을 하기도 한다(Swanson & Tokar, 1991). 예를 들어, 자신이 졸업 후 무엇을 해야 할지 불명확한 상태에 있는 대학생이 있다고 가정해보자. 사범대학 교육학과에 재학 중인 이 대학생은 4학년을 맞아 교생 실습, 기업체 연수원 실습 등을 하며 관련 정보를 얻게 되었다. 이러한 과정에서 그간 자기명확성과 직업정보의 부족으로, 내적장애로 인한 진로장벽이 놓여 있어 마음이 편치 않았음을 알게 되었다. 이 대학생은 진로장벽을 깨닫고 자신의 진로발달에 비로소 더 큰 관심을 기울이게 되었으며 향후 대학원에 진학하여 전공 공부를 보다 전문적으로 하는 방향으로 진로를 결정하였다.

진로장벽은 〈표 11-1〉과 같이 진로준비행동에 직접적 · 간접적으로 영향을 미치는 다양한 요인들로 제시되어 왔다.

〈표 11-1〉 진로장벽의 세부 요인 및 내용

요인	내용	학자
내적장벽	자신감 부족 낮은 동기 직업정보 부족 자기명확성 부족 우유부단한 성격 필요성 인식 부족	손은령(2001) 탁진국과 이기학(2001) 정미경(2019)
외적장벽	환경적 측면	김은영(2001) 손은령과 김계현(2002) Swanson, Daniels & Tokar(1996)

<table>
<tr><th>요인</th><th>내용</th><th>학자</th></tr>
<tr><td>개인적 측면</td><td>자기명확성 부족
신체적 열등감
흥미 부족
미래에 대한 불안</td><td rowspan="6">차아름과 이희경(2014)</td></tr>
<tr><td>사회적 관계</td><td>대인관계의 어려움
중요한 타인과의 갈등</td></tr>
<tr><td>구조적 문제</td><td>차별
노동시장과 관습의 제약
성역할에 따른 취업에 대한 고정관념</td></tr>
<tr><td>심리적 장벽</td><td>직업정보 부족
자기진로 이해부족
자신감 부족과 성격문제
취업의 현실여건</td></tr>
<tr><td>환경적 장벽</td><td>취업기반 부족
학벌과 전공
나이와 신체조건
경비와 집안사정
부모와 주변인</td></tr>
<tr><td>기타</td><td>경제적 어려움
직업정보 부족
나이문제
장애/건강 관련 염려</td></tr>
</table>

국내 대학생 진로장벽에 대한 연구물들을 분석한 연구 결과(조경주, 2018)에 따르면 진로장벽과 가장 높은 관련을 보이는 것으로 진로스트레스가 제시되었다. 비교적 진로장벽에 큰 영향을 미치는 요인으로 진로태도성숙, 진로결정수준, 진로결정자기효능감, 진로적응성, 진로정체감, 특성불안, 불확실성에 대한 인내의 부족, 낙관성, 희망이 포함되었다. 또한 진로장벽에 중간 정도의 영향을 미치는 요인으로 진로준비행동, 진로포부, 사회적지지, 자기효능감, 우연대처기술이 포함되었다.

워크시트 진로장벽 검사

진로장벽	문항	①	②	③	④	⑤
명확성 부족	1. 나는 우유부단한 면이 있어서 무엇인가를 단숨에 결정하기가 어렵다.					
	2. 나는 취업이 안될 것이다.					
	3. 나는 내가 원하는 직업에서 필요한 능력이 부족하다.					
	4. 나는 시대흐름의 변화 때문에 취업에 어려움을 겪을 것이다.					
	5. 나는 내가 내린 결정에 대해 후회하는 경우가 많다.					
흥미 부족	6. 내가 선택한 전공이 그다지 재미있는 것 같지 않다.					
	7. 나는 나의 흥미를 고려하여 느껴지는 일이나 직업이 없다.					
	8. 나는 내가 선택한 전공을 계속 이어 가면서 점점 흥미가 없어질 것 같다.					
경제적 어려움	9. 내가 원하는 진로의 성취를 위해 경제적 지원이 부족하다.					
	10. 나의 진로계획을 위한 준비 행동들은 경제적 문제가 수반된다.					
	11. 내가 돈을 많이 벌어서 가정경제에 도움이 되어야 한다.					
	12. 경제적 부담으로 인해 내가 원하는 일을 할 수 없다.					
	13. 내가 진로 및 직업을 선택하는 데 있어 우선순위에 둔 것은 경제적 문제 해결이다.					
인간 관계 갈등	14. 나의 진로선택은 부모님 및 선생님의 영향을 많이 받을 것이다.					
	15. 부모님이나 선생님의 기대만큼 만족스러운 진로선택을 하지 못할 것이다.					
	16. 나는 부모님이나 선생님이 나의 진로선택을 좋아하지 않을까 봐 걱정된다.					
	17. 나는 인간관계 내(친구 및 동기)의 분위기나 여론에 영향을 받아 진로가 결정될 것이다.					
	18. 나는 내가 선택한 직업계의 사람들(미래의 동료)과의 관계가 어려워서 그 진로를 선택하기가 꺼려진다.					
정보 부족	19. 나는 전공과 관련해서 실제로 취업에 도움이 되는 정보를 어떻게 얻는지 모르겠다.					
	20. 나는 내가 선택한 전공으로 직업을 가진 사람들이 실제로 어떤 일들을 하고 있는지에 대해서 잘 알지 못한다.					
	21. 나는 학교 차원에서 진로 및 직업에 대한 정보를 제공해 주지 않기 때문에 정보력이 부족하다고 생각한다.					
	22. 내 전공과 관련된 취업정보에 대한 자료를 얻기가 어렵다.					

진로 장벽	문항	①	②	③	④	⑤
미래 불안	23. 나는 앞으로의 사회변화로 인해 관련 진로 및 직업군의 혼란이 있을 것이라 생각한다.					
	24. 나는 앞으로 진로에 대해 막연한 불안감이 있다.					
	25. 사회 경제적 환경의 변화 때문에 나의 진로가 영향을 많이 받는다.					
	26. 경기 불황으로 인해 일자리가 부족한 것이 매우 걱정된다.					

출처: 박혜리나(2021). 정환호(2016).
* ① 전혀 그렇지 않다. ② 약간 그렇지 않다. ③ 보통이다. ④ 약간 그렇다. ⑤ 매우 그렇다.

3. 진로탄력성 보유하기

4차 산업혁명으로 급변하는 사회와 직업 환경에 적응해 나가기 위해서는 어떠한 태도가 필요할까? 빠르게 변화하는 불확실한 환경에서 미래사회 구성원으로서 자신의 일을 창의적으로 수행하기 위해 도전적인 태도와 의지를 보유하는 것은 매우 중요하다. 진로탄력성은 진로와 관련된 좌절이나 위기의 상황에서 유연하게 적응하는 성향을 의미한다. 진로장벽을 극복하여 진로준비행동을 하기 위해서는 진로탄력성을 높게 보유하는 것이 도움이 되는 것으로 보고되어 왔다. 폴리텍대학생을 대상으로 한 연구(강현희, 2015)에 따르면 진로장벽 중 자신감과 직업정보 부족을 겪는 학생들이 적극적 진로준비행동을 하는 데 있어 진로탄력성이 매우 중요한 것으로 나타났다. 하지만 진로탄력성이 높다고 진로준비행동이 반드시 촉진되는 것은 아니라는 주장(신혜진, 2016)도 있다. 진로탄력성이 높으면 진로 문제에서 유연한 태도로 정서적 거리를 두면서 스트레스를 낮추고자 하므로 진로준비행동을 본격적으로 실천하기보다는 지연시키는 경우도 있다는 것이다. 따라서 적절한 수준의 진로탄력성을 보유함으로써 진로준비행동을 촉진시키는 태도가 바람직하다고 볼 수 있다(한종임, 장유진, 2021).

진로탄력성은 긍정심리학에서 소개한 탄력성의 개념을 진로 분야에 적용한 것으로 진로장벽의 극복을 위한 핵심요소로 강조되어 왔으며 진로와 관련된 갈등과 문제 상황에서 힘든 역경을 효과적으로 극복할 수 있도록 해 주는 반응 경향성을 의미한다. 진로탄력성이 높은 경우에는 진로목표에 방해를 받거나, 주변 인간관계의 악화, 불확실성의 증가와 같은 부정적인 상황에 효과적으로 대처할 수 있다. 왜냐하면 진로탄력성으로 인해 스스로를 긍정적으로 바라보면서 자신이 놓여 있는 상황에 대하여 주의 깊게 들여다보고, 자신과 주변 환경에 대한 긍정적이고도 적극적인 통찰에 이를 수 있기 때문이다. 대학생을 대상으로 한 연구(유현실, 2013)에 따르면 진로탄력성이 높을수록 진로 관련 어려운 결정과 선택을 효과적으로 수행하였으며 진로준비행동에 적극적인 것으로 나타났다.

진로탄력성을 구성하는 요소에는 자기효능감, 진로자립성, 유연성과 적용성, 네트워크와 관계(이지연, 2017), 자기이해와 조절, 긍정적인 태도, 적응성, 대인과 정보관계(오성배 외, 2020)이 제시된 바 있다. 전문대학생을 대상으로 한 연구(김미경, 2014)에 따르면 진로탄력성의 하위요인으로 자기신뢰, 진로자립, 성취에 대한 열망, 변화에 대처, 관계의 활용이 제시되었다. 진로목표를 성취하기 위해서는 스스로에 대한 신뢰를 토대로 하여 열망과 노력을 통해 변화에 적극적으로 대처할 수 있어야 한다. 또한 학습과 기술 습득을 지속하면서 자신을 긍정적으로 지지하는 대인관계를 적극적으로 활용하려는 태도와 능력을 보유해야 한다.

워크시트 진로탄력성 검사

문항	①	②	③	④	⑤
1. 나는 잘 할 수 있을 거라고 믿는다.					
2. 나의 진로에서 어떤 일도 결국엔 잘 될 것이라고 확신한다.					
3. 나는 나의 진로에서 성공할 수 있다고 자신한다.					
4. 어떤 상황에서도 나에 대한 믿음을 가진다.					
5. 내가 원하는 진로에서 성공할 자신이 있다.					
6. 진로과정에서 어려움에 부딪힐 때도 나 자신을 믿는다.					
7. 내가 추구하는 삶의 비전(목적)이 있다.					
8. 나는 이루고 싶은 뚜렷한 목표를 가지고 있다.					
9. 나는 이루고 싶은 구체적인 목표와 계획이 있다.					
10. 내가 생각하는 분명한 성공의 기준이 있다.					
11. 나는 꿈과 목표를 이룬 모습을 생각하면 의욕이 생긴다.					
12. 나는 목표의식이 분명한 편이다.					
13. 진로와 관련해서 더욱 발전하기 위해 꾸준히 학습한다.					
14. 나의 전문성을 발전시키기 위해 노력한다.					
15. 내 진로에서 전문가가 되기 위해 계속 배우려 한다.					
16. 나는 진로와 관련하여 새로운 기술을 배우려 한다.					
17. 진로와 관련해서 잘 모르는 것이 있으면 배우려고 한다.					
18. 나는 진로를 위해 준비하며 노력한다.					
19. 나는 역동적인 변화를 오히려 즐기는 편이다.					
20. 나는 실패와 좌절에 대한 두려움이 작다.					
21. 낯선 새로운 사람들과 함께 일하는 것이 힘들지 않다.					
22. 갑작스런 변화에도 짜증 내지 않고 차분히 대처한다.					
23. 사회변화에 민감하고 적절하게 대처한다.					
24. 나의 진로에 갑작스런 변화에도 유연하게 대처한다.					
25. 나를 재충전할 수 있는 활동을 함께하는 사람들이 있다.					
26. 진로에서 좌절했을 때 친구나 가족의 위로가 도움이 된다.					
27. 주위사람들과 대화를 나누며 진로의 스트레스를 해소한다.					
28. 나의 스트레스를 털어놓을 수 있어서 큰 힘이 되어 주는 사람들이 있다.					
29. 내 주위에 나를 응원하고 격려해 주는 사람들이 있다.					
30. 내 주변 사람들은 나에게 관심과 사랑을 가지고 있다.					

출처: 최주영(2022).

* ① 전혀 그렇지 않다. ② 약간 그렇지 않다. ③ 보통이다. ④ 약간 그렇다. ⑤ 매우 그렇다.

4. 문제해결력 높이기

진로장벽을 극복하기 위해서는 진로에 방해가 되는 문제가 있는지 찾아보고 이에 대한 해결방법을 준비하여 적용해 보는 것이 좋다. 문제해결을 위해서는 마치 엉켜 있는 실타래를 풀기 위해 다양한 방법을 적용해 보는 것처럼 자신의 경험과 지식, 기술을 모두 동원하는 복잡한 과정을 거치게 된다. 또한 합리적인 사고와 판단을 통해서만 해결방안을 찾을 수 있는 것이 아니라 강력한 정서적 측면이 관련되는 경우가 많다.

영화 '마션'의 주인공 와트니는 화성 탐사 중 혼자 남겨져 생존과 귀환을 위한 처절한 노력을 기울인다. 와트니는 과학자로서 우주 탐사, 식물 재배 등에 대한 지식과 기술을 총동원하며 살아남기 위한 전략을 마련하지만 폭풍으로 인한 예기치 못한 사고 앞에서 좌절하는 모습을 보인다. 인간은 이성뿐 아니라 감정을 지닌 존재이므로 문제해결을 위해서는 다양한 측면을 고려하는 것이 좋다. 문제해결이 쉽지 않은 이유는 다음과 같다.

첫째, 대부분의 사람들이 문제 상황에 놓여 있는 중요한 요인을 끝까지 치밀하게 들여다보고 분석하지 못하기 때문이다. 사실 문제 상황을 제대로 들여다보기 위해서는 자신의 나약함, 부족함과 같은 정서적으로 부정적인 요소들에 직면해야 하기 때문에 큰 용기가 필요하다. 여우가 높이 매달려 있는 포도를 먹지 않는 이유를 "힘들게 저 포도를 따서 먹어도 분명 맛없는 신포도일 거야."라는 말로 합리화하는 이야기를 들어보았을 것이다. 열심히 노력해도 원하는 성공과 긍정적 성취를 얻지 못한다면 자신이 얼마나 보잘 것 없고 하찮게 여겨질 것인가 하는 두려움 때문에 제대로 된 문제의 원인을 분석해 내지 못한다면 문제의 본질적 해결은 멀어질 수밖에 없다.

둘째, 문제 상황이 발생하였거나 앞으로 문제가 발생할 것으로 예측되는 상황에서 충분한 분석과 검토를 거치지 않고 급박하게 해결방안을 마련하여 시간을 낭비하기 때문이다. 문제 상황에 놓여 있는 것은 개인에게 큰 스트레스로 다가오기 때문에 빨리 여기서 벗어나고자 성급하게 해결책을 결정해 버리기도 한다. 원하는 집을 마련하기 위해 다양한 비교 대상을 놓고 비교해 보다가 최종 결정을 위해 너무 많은 시간과 노력이 들어가자 힘들어하며 정작 중요한 것을 살펴보지 못한 채 결정을 내리는 예를 생각해 볼 수 있다. 너무 많은 생각에 휩싸여 분석과 검토를 제대로 하기 어렵다면 주변인들과 상의를 해 보고, 비슷한 사례를 찾아보면서 좀 더 먼발치에서 문제를 바라보며 통찰(insight)을 얻을 수 있도록 해 보는 것도 좋다.

셋째, 문제 상황이 또 다른 도전이나 기회가 될 수 있다는 생각을 하지 못하고, 문제해결을 위해 자신이 보유한 창의적 능력을 활용하려고 하기보다 다른 사람들이 해 왔던 방식을 그대로 기계적으로 따르는 반응을 보이기 때문이다. 우리 사회 청소년들은 고3 시절 친구들이 모두 대학에 진학하기 위해 공부하고 준비하는 모습을 보면서 특별히 전공해 보고 싶은 분야를 찾지 못하였음에도 불구하고 성적에 맞게 적당한 대학으로 진학하는 경우도 많다. 문제를 쉽고 단순하게 해결하려고 하기보다는 좀 더 치열하게 문제 상황을 파고들어 자신의 강점과 개성을 발휘하여 해결책을 만들어 볼 수 있도록 시도해 보면 좋을 것이다.

문제를 해결하기 위한 방법을 연습해 봄으로써 자신에게 문제가 생겼을 때 당황하지 않고 차근차근 스스로 해결해 갈 수 있다. [그림 1-1]과 같은 절차에 따라 문제를 바라보고, 효과적으로 해결책을 도출해 갈 수 있을 것이다.

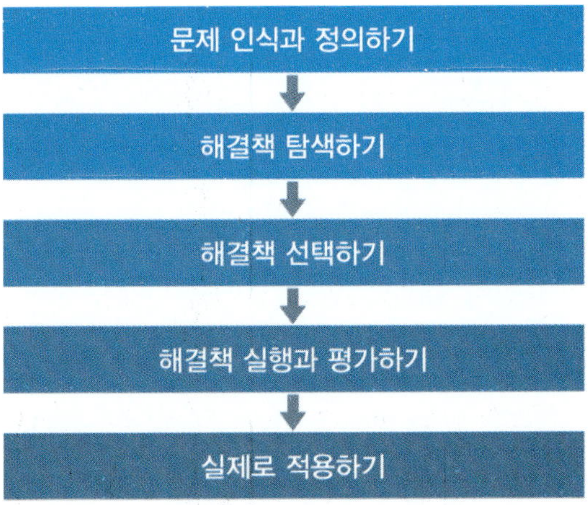

[그림 11-1] 문제해결을 위한 효과적 절차

- **문제 인식과 정의하기:** 문제해결을 위한 첫 걸음은 문제가 놓인 상황을 바라보고 이에 대해 이해하고자 하는 것이다. 문제라는 것은 자신이 하고자 하는 바를 가로막는 장애물로 볼 수 있으며, 문제가 생겼다는 신호는 "내가 이 문제를 과연 해결할 수 있을까?" 하는 불확실한 마음이 드는 것이다. 앞서 모든 문제에는 정서적 측면이 관련되어 있다고 했던 바와 같이 자신이 하고 싶은 일이나 원하는 목표에 도달하고 성취해 낼 능력이 없다는 생각으로 좌절감을 느낄 수 있다. 따라서 부정적인 정서를 느끼게 됨으로써 이성에 따른 판단을 하기 어려울 수 있으므로 첫 단계에서 과오를 범하지 않도록 유념해야 한다. 좌절감을 느끼게 되면 분노의 정서와 공격성을 경험하게 되며 무엇인가 다른 대상을 탓하는 것으로 이어질 수 있기 때문이다. 하지만 어떤 문제에 직면하건 간에 문제를 해결할 수 있는 주인공은 자기 자신뿐이라는 것을 잊지 말아야 한다. 문제를 해결하기 위해서는 부정적인 정서에서 벗어나 합리적인 판단과 사고를 통해 앞에 놓인 장애물을 넘어설 수 있어야 한다.

  그 다음 문제가 무엇인지 정확하게 정의해 보려는 시도를 해야 한다. 자신에게 문제가 있음을 인식하고도 이를 해결하지 못해 실패하는 이유는 문제를 명확하게 정의 내리지 못했기 때문일 수 있다. 문제를 정의할 때에는, 첫째, 문제 상황을 들여다보고 문제의 원인이 되는 장애물이 무엇인지 살펴본 후 자신의 목표달성을 방해하는 결과와의 인과관계를 명확히 설명할 수 있어야 한다. 둘째, 문제를 정의한다는 것은 자신이 통제할 수 있는 범위로 문제를 가져오는 것을 뜻한다. 즉, 자신의 힘으로 할 수 없는 범위에서 문제에 대한 정의를 내리는 것은 별로 도움이 되지 않으므로, 목표 달성에 방해가 되는 장애물이 있지만 이를 스스로 통제할 수 있는 형태로 받아들이려는 노력이 요구된다. 이를 위해서는 많은 시간을 들여 주의 깊게 정보를 찾아보고 살펴보는 과정이 중요하다.

예) 나는 금수저가 아닌 흙수저이기 때문에 아무것도 할 수가 없다. 내가 지금 아무것도 할 수 없는 이유는 가난한 가정에서 태어났기 때문이다. 그래서 부유한 가정에서 태어나 손쉽게 무엇이든 할 수 있는 주변 친구를 보면 화가 난다.
이러한 상황에서 문제를 정의해 본다면 "대학을 졸업하고 무엇이라도 시작하기 위해서는 300만 원이 필요한데 현재 나에게는 돈이 없다."로 정의해 볼 수 있다.

연습) 문제 인식과 정의하기:

- **해결책 탐색하기:** 문제에 대한 해결책은 하나만 있는 것이 아니다. 예를 들어, 명동에서 강남까지 가야 하는 상황에서 택시나 버스를 탈 수도 있고, 걸어가는 선택을 할 수도 있다. 자신이 처해 있는 상황과 여건에 따라 알맞은 방법을 찾아 그것을 실행했을 때 만족도가 가장 높은 선택을 하면 좋다. 자신의 문제에

가장 잘 맞는 해결책을 찾기 위해서는 자신에 대한 이해와 더불어 창의성이 요구된다. 다른 사람에게 좋은 해결책이라고 해서 자신에게도 최선의 해결책이라는 보장은 없기 때문이다. 해결책을 찾기 위해서는 여러 다양한 방법들을 포괄적이고 자세하게 알아볼 필요가 있다. 이러한 과정에서 심한 좌절과 불안을 느끼게 되면 겉으로 드러난 문제에만 효과가 있는 방법을 너무 급하게 알아볼 위험이 있으므로 차분하게 열린 마음으로 해결책을 찾아보도록 하는 것이 좋다.

해결책은 자신의 외부에 있는 여러 방법만을 알아봄으로써 찾을 수 있는 것이 아니다. 현재 처해 있는 문제 상황과 유사하게 자신이 경험해 온 관련되는 일들을 되살려 보는 것이 좋다. 과거 경험에 대해 철저하게 분석하고 이해해 봄으로써 앞으로 나아갈 미래를 제대로 그려 볼 수 있는 것이다.

예) 300만 원을 구할 수 있는 해결책 중에는 아르바이트, 저축, 재테크, 절약 등의 방법이 있다. 나는 중학교 시절 방학 때 아르바이트를 해서 50만 원을 모은 경험이 있는데 아주 힘들지는 않았다. 지금은 대학생이고 방학 때 시간 여유가 많으니 300만 원을 모으는 것이 불가능한 일은 아니라는 생각이 든다. 주변 친구들 중에 재테크를 해서 종자돈을 불리는 경우를 봤는데 나도 조심스럽게 한 번 시도해 볼까 하는 생각도 든다. 부모님과 어른들은 돈을 모으는 안전한 방법으로 저축과 절약을 우선적으로 추천해 주셨다.

연습) 해결책 탐색하기:

• **해결책 선택하기:** 해결책 탐색하기 과정 이후에는 여러 방안 중에서 장단점을 비교분석하여 문제해결에 가장 적합한 것을 선택하는 활동이 이루어져야 한다. 이를 위해서는 해결책에 들어가는 시간, 돈, 노력, 인간관계의 측면 등을 비교하여 결정을 내리는 것이 좋다. 문제해결에 효과적이면서도 최소한의 투입을 통해 최대한의 성과를 거두어들일 수 있는 효율적인 방안을 선택해야 한다.

예) **아르바이트:** 학기 중에는 주말 아르바이트를 하면서 50만 원을 벌 수 있으며, 방학 중에는 아르바이트를 하여 100만 원을 벌 수 있다. 용돈을 제외하고 300만 원을 모으기 위해서는 1년 반 정도의 시간이 걸릴 것이다. 아르바이트를 하면 돈을 벌고 모을 수 있지만 체력적으로 힘들고 자칫 공부에 소홀해질 수 있다.

절약: 목표로 한 300만 원을 모으기 위해서는 현재와 같은 씀씀이를 조금 줄일 필요가 있다. 친구들과의 사교적인 모임, 취미 활동을 너무 줄이면 생활이 즐겁지 않을 수 있지만 긴축재정이 필요한 때이므로 원칙을 정해서 돈을 쓰도록 한다. 한 달에 용돈을 30만 원 쓰는 것으로 원칙을 정하되 방학 중에는 40만 원으로 늘려 하고 싶은 것을 좀 더 하는 것으로 한다.

저축: 아르바이트로 번 돈을 저축한다면 용돈을 제외하고 학기 중에는 한 달에 20만 원을 모을 수 있고, 방학 중에는 60만 원을 모을 수 있다.

재테크: 재테크 방법으로 주식 투자, 펀드 상품 가입 등의 방법을 알아보았으나 이에 대한 정보를 얻기 위해서는 시간이 너무 많이 걸리고 원금 손실에 대한 위험 부담이 있다.

이와 같은 해결책에 대한 비교분석을 통해 지금 현재 재테크를 하는 것은 위험 부담이 있으므로 아르바이트를 하되 공부에 방해되지 않는 선에서 하면서 저축, 절약을 통해 300만 원을 모으는 방법을 선택하기로 하였다.

연습) 해결책 선택하기:

- **해결책 실행과 평가하기:** 해결책을 선택하고 나면 이제 실천하는 일로 넘어가야 한다. 문제를 해결하는 과정에서 어떻게 실천해 갈 것인지 구체적인 행동계획이 포함되어야 한다. 해결책을 실천해 가면서 문제가 차차 해결되어 가고 있는지 평가할 수 있도록 한다.

> **예)** 첫째, 체크카드에 30만 원을 입금해 두고 한 달 용돈으로 사용하였으며, 남은 잔액을 월말에 확인해 보았다. 둘째, 아르바이트를 통해 번 돈을 적금 통장에 넣어 두고 매월 모이는 금액을 확인하였다. 이 외에도 계획하지 않았지만 가끔 부모님이나 친척 어른들께서 주시는 용돈을 적금에 추가로 넣고 있다.

> **연습)** 해결책 실행과 평가하기:

- **실제로 적용하기:** 작든 크든 간에 문제 없는 삶은 생각하기 어려우므로 문제해결은 항상 필요한 과정이다. 따라서 대학생 시절 다양한 현실 경험을 통해 문제해결을 위한 효과적인 절차를 연습하면 좋다. 이를 통해 유사한 문제가 다가왔을 때 부정적 정서에서 빨리 벗어나 자신 있게 스스로 문제를 해결하고 극복해 나갈 수 있을 것이다. 작은 문제부터 차근차근 해결해 가는 경험을 통해 스스로 삶의 주인이라는 생각을 높이고 실제적인 변화를 이끌어 낼 수 있다.

예) 300만 원을 모아서 필요한 자격증을 취득하고 취업에 성공한 후 인생 첫 차를 구입하려고 한다. 1,500만 원을 모아야 하는데 어떻게 하면 좋을까 막막한 마음도 들지만 할 수 있을 것이다!

연습) 실제로 적용하기:

Chapter 12

목표세우기와 경력개발

Chapter 12 목표세우기와 경력개발

1. 목표중요성을 알고 효과적인 목표세우기를 위해 적용해 본다.
2. 경력개발의 중요성을 알고 적용해 본다.

1. 목표세우기

대학생활은 자신만을 위한 멋진 삶을 위해 준비하는 시기이다. 개인이 가지고 있는 생각과 가치기준에 따라 '멋진 삶'은 사람마다 다르다. 자신만의 멋진 삶을 만들어 가기 위해서 자신의 꿈을 찾고 꿈을 현실로 가져오기 위해서 목표를 세우고 조금씩 실행하는 단계가 대학생활이다.

목표란 행동을 통해서 이루려고 하는 실제적인 대상을 말한다. 실제적인 대상이 있어야 구체적인 행동을 할 수 있는 계획이 나오게 된다. 따라서 목표를 갖는 것은 개인에게 다음과 같은 역할을 하게 한다.

첫째, 목표는 도전정신과 성취감을 만들어 준다.

새로운 목표가 생기면 이에 대한 희망과 기대를 갖게 된다. 그리고 희망과 기대를 현실화하기 위해서 그동안 자신이 꾸물거리나 머뭇거렸던 일들에 대해서 정면에 맞서 행동할 수 있게 한다. 정면에 맞서 행동한 결과는 성취감을 갖게 하고 성취감은 또 다른 도전정신을 만들어 준다. 도전과 성취감이 반복되면 개인은 더 큰 목표를 찾아 실행하고 되고 이것이 개인의 삶의 만족과 성공의 근원이 될 수 있다.

둘째, 목표는 이를 달성하기 위해서 자신의 에너지를 효율적으로 사용할 수 있도록 집중하게 한다.

인간의 삶은 선택의 삶이다. 밥을 먹기 위해서 메뉴를 선택하고, 학교에 등교하기 위해서 교통수단을 선택해야 한다. 선택할 때 목표가 있다면 개인이 이루고자 하는 것에 가치를 두고 선택하거나 상대적으로 덜 가치 있는 일에 시간과 에너지 소비를 줄이고자 할 것이다. 그리고 개인이 두고 있는 목표에 대해서 집중하여 에너지를 소비할 것이다. 목표에 대한 집중은 목표를 향한 효과적인 행동을 할 수 있게 해 준다.

셋째, 목표는 힘든 상황에서도 포기하지 않게 한다.

목표를 달성하기 위해서 에너지를 소비하고 집중한다고 개인이 원하는 대로 이루어지는 것은 아니다. 때로는 뜻하지 않는 상황으로 인해 실패를 하기도 하고, 잠시 중단해야 할 때도 올 수 있다. 실패나 좌절로 잠시 실망하고 마음이 힘들어 할지라도 개인이 가치를 두고 선택한 목표이기에 다시 목표달성을 위해서 일어나고자 한다. 따라서 목표는 실패와 좌절의 상황에서 다시 시작할 수 있게 하는 원동력이 될 수 있다.

1) 효과적으로 목표달성을 하기 위한 방법

보다 효과적으로 목표를 달성하기 위한 방법으로 'SMART 목표세우기'가 있다.

(1) 목표는 구체적이고 명확해야 한다(specific)

'외국어를 잘하는 사람이 될 거야', '돈을 많이 버는 사업가가 될 거야' 등의 막연한 목표는 달성하기 어렵다. '영어를 잘하기 위해서 매일 30분씩 회화 공부를 할 거야', '10년 안에 1억 원을 모을 거야 '등의 구체적인 목표가 있다면, 목표에 대한 진행과정을 명확하게 확인할 수 있기에 목표달성의 가능성이 높아진다.

(2) 목표는 측정 가능해야 한다(measurable)

목표는 명확한 숫자를 통해 측정할 수 있을 때 달성할 가능성이 높아진다. 막연하게 '영어를 잘하는 사람이 될 거야' 보다는 '영어를 잘하기 위해서 하루에 단어를 10개 암기할 거야', '매일 회화 공부를 30분씩 할 거야' 같이 숫자를 통해 목표를 세우는 것이 목표달성에 도움이 된다. 이는 목표달성에 대한 자신의 성취감을 쉽게 볼 수 있기 때문이다.

(3) 목표는 행동 지향적이어야 한다(action-oriented)

목표는 생각에만 있는 것이 아니라 행동을 할 때 달성될 수 있다. 따라서 목표에 대한 구체적인 계획과 행동으로 실천할 수 있을 때 목표달성을 성공적으로 할 수 있다.

(4) 목표는 현실적인 실현 가능해야 한다(rsalistic)

'1년 안에 1억을 모을 거야', '6개월 안에 헤어디자이너가 될 거야'라는 것을 현실적이고 실현 불가능한 것이다. 목표를 달성하기 위해서는 목표를 달성하기 위한 시간과 노력이 필요하다. 따라서 목표를 달성하기 위해서는 큰 목표와 함께 이를 실현가능하기 위한 중기 목표와 단기 목표를 세우고 이를 한 단계씩 실천함으로써 성취하는 것이 현실적인 방법이다.

(5) 목표에 대한 마감시간을 정해야 한다(time-based)

목표를 달성하기 위해 적절한 시간 배정과 함께 언제까지 하겠다는 마감시간을 정하는 것이 필요하다. 우리는 종종 목표만 세우고 미루다가 막상 시간이 지나면 어떤 목표달성도 하지 못한 경험을 많이 했을 것이다. 개인이 세운 목표에 마감기한을 정하면 마감기한 안에 목표달성을 하기 위해서 집중해서 행동할 수 있기 때문에 중요하다.

2. 경력개발

사회의 여러 가지 변화로 취업의 진입이 어려워졌다. 이로 인해 많은 대학생들은 취업에 기초가 되는 자격증 준비하기, 높은 학점 받기 등의 다양한 노력들을 열심히 하고 있다. 하지만 이러한 노력만으로 취업이 보장되지 않는다. 따라서 자신이 선택한 직업에 취업하기 위한 전략이 필요하다.

1) 경력개발의 중요성

경력이란 한 개인이 일생에 걸쳐 일을 중심으로 준비하고, 경험하며, 수반되는 삶 전반의 다양한 역할을 의미한다[1]. 즉 개인의 삶에서 직업과 일을 중심으로 관련되어 있는 교육, 자격, 훈련 등의 다양한 부분의 역할을 말하는 것이다. 이를 토대로 경력개발을 정의하면, 개인의 진로목표를 설정하고 성취해 나가기 위해서 필요한 경력을 개발하는 것을 말한다. 따라서 경력을 개발할 때 자신이 설정한 진로와 일에 대하여 전혀 관계가 되지 않는다면 이와 관련된 자신의 노력과 시간이 아무런 의미가 없게 될 것이다. 따라서 경력개발을 할 때에는, 자신이 선택한 진로, 즉 직업과 직무에 대하여 꼼꼼하게 분석하고 그 일에 적합한 사람으로 자신의 역량을 개발하고 향상시키고자 하는 계획과 실행이 필요하다. 그렇게 한다면 일과 관련되어 자신에게 찾아온 기회를 놓치지 않고 자신의 것으로 만들 수 있을 것이다.

(1) 인턴십

인턴십은 대학에서 배운 내용을 직업현장에서 일정 기간 동안 실제적인 업무들을 적용하여 체험하는 제도이다. 최근에는 기업이 인턴십을 통해서 정규직으로 신입사원을 채용하는 경우가 많이 있다. 따라서 인턴십을 통해서 자신이 하고자 하는 일에 대한 실제적인 업무를 경험할 수 있고, 취업의 길로 갈 수 있는 기회를 삼을 수 있다. 인턴십은 크게 국내 인턴십과 해외 인턴십이 있으며, 관련된 정보는 대학내에 있는 취업지원센터, 학과 사무실, 전공 교수님으로부터 알 수 있다. 또는 국내인턴십은 취업포털 사이트인 잡코리아(www.jobkorea.co.kr)에서 해외 인턴십은 한국산업인력공단에서 운영하고 있는 월드잡(www.worldjob.co.kr)에서 정보를 알 수 있다.

---

1) 김인기(2019). 진로탐색과 미래설계. 학지사

(2) 자격증

자격증은 개인이 갖고자 하는 해당분야에서 필요한 능력을 갖추고 있는지에 대해서 증명을 해 주는 것이다. 꼭 자격증이 있어야만 취업하는 것은 아니지만 사회복지사 등과 같이 특정한 직업분야에서는 자격증이 꼭 있어야만 취업을 할 수 있다. 또는 자격증이 반드시 필요한 것은 아니지만 해당 직업분야의 일을 하기 위해서 엑셀, 파워포인트 등과 같은 컴퓨터 활용 능력을 증명할 수 있는 자격증이 취업에 더 유리할 수 있다. 따라서 자신이 선택한 직업에 필요한 자격증이 무엇이 있는지를 확인하고 준비할 필요가 있다. 또한 자격증을 준비할 때 주의할 점은 '공인 자격증'임을 확인하고, 취업을 하고자 하는 관련 분야에 국가공인기관이나 공신력이 있는 기관 또는 기업에 발급하는 자격증을 취득하는 것이 취업에 더 유리하다. 자격증과 관련되는 정보는 한국산업인력공단에서 운영하고는 큐넷(www.q-net.or.kr)을 참고하면 도움이 된다.

(3) 공모전

공모전은 미술, 문학, 마케팅, 홍보, 광고 등의 분야에서 특정한 주제에 대한 아이디어, 기획, 제안 등에 대하여 심사하여 상금과 함께 특전을 제공하는 것을 말한다. 대학생들에게 공모전은 해당 분야에 취업 지원할 때 가산점이나 인턴십에 들어갈 수 있는 기회를 제공받을 수 있다. 꼭 상을 받지 않더라도 공모전을 준비하는 과정에서 자신의 해당 분야의 능력을 향상시킬 수 있는 기회가 될 수 있다.

〈표 12-1〉 공모전 사이트

사이트명	URL	특징
대티즌	www.detizen.net	대학생 공모전 정보
커리어	www.career.co.kr	채용정보, 공모전 정보
씽유닷컴	www.thinkuniv.com	대학생커뮤니티, 공모전 정보
알바인	www.albin.co.kr	채용정보, 공모전 정보
컴퍼스몬	www.campusmon.com	대학생지식포털, 공보전 정보
씽굿공모전	www.thinkcontest.com	공모전 관련 포털
뉴트리라이트캠퍼스	www.nutrilite.co.kr	대학생 공모전 정보
알럽콘	www.ilovecontest.com	공예공모, 미술, 만화, 디자인
디자인 서커스	www.designcircus.co.kr	디자인 포털, 공모전 정보

출처: 조성진, 강재열, 황윤성, 양승호(2017).

(4) 외국어 자격

국제화 시대에 접어들면서 취업에 있어 외국어 능력은 매우 중요하다. 이에 따라 기업에서도 기본적인 외국어 실력을 요구하고 있다. 따라서 자기 진로목표를 달성하기 위해서는 전공 이외에 외국어 능력을 꾸준히 키울 필요가 있다. 외국어 능력을 키우기 위해서는 교환학생 프로그램, 어학연수 등의 방법도 있지만, 외교부(www.mofa.go.kr)에서 진행하고 있는 외국어 교육 프로그램에 참여하는 방법도 있다.

외국어란 하루아침에 잘할 수 있는 것이 아니기에 학생들이 가장 힘들어하는 경력개발 중에 하나일 것이다. 대부분의 기업이나 취업분야에서 일정한 점수로 어학점수를 정해 놓기 때문에 마음의 부담감 또한 매우 높을 것이다. 따라서 취업을 위한 기본적인 어학점수를 달성할 수 있도록 지속적인 노력을 하면서 실질적인 커뮤니케이션에 해당되는 듣기와 말하기 연습도 조금씩 해 나가는 것이 취업 후에도 도움이 될 것이다.

(5) 봉사활동

최근 기업에서 인재를 선발할 때, 인성을 갖춘 인재를 선발하고자 하는 기업들이 늘어나고 있다. 해당분야의 뛰어난 능력만 발휘하는 인재보다는 바른 인성을 가지고 자신의 업무를 성실하게 해서 지속적으로 능력을 개발하는 인재를 선호한다. 개인의 인성을 함양하기 위한 활동으로 봉사활동이 경력개발 요소로 평가되는 경우가 많이 있다. 따라서 봉사활동을 취업의 목적을 위함이 아니고 보람되고 즐겁게 하기 위해서 전문기관을 활용하는 것이 필요하다. 또한 자신의 적성과 흥미에 맞은 봉사분야를 선택해서 꾸준하게 하는 것이 중요하다.

〈표 12-2〉 봉사기관

단체명	홈페이지	단체명	홈페이지
아름다운 가게	www.beautifulstore.org	한국국제봉사기구	www.kvo.or.kr
유네스코 한국위원회	www.unesco.or.kr	사랑의 재단	www.4rangg.org
굿네이버스	www.goodneighbors.kr	개척자들	www.thefrontiers.org
두리봉사단	www.doory.or.kr	드림풀	www.dreamful.or.kr
대한적십자사	www.redcross.or.kr	태평양아시아협회	www.pas.or.kr
볼런티어31	www.volunteeringkorea.org	아름다운 공작단	www.beautiful0.org
복지넷	www.bokji.net	러빙핸즈	www.lovinghands.or.kr
푸드뱅크	www.foodbank1377.org	국제워크캠프 기구	www.workcamp.org
열린사회 자원봉사연합	www.openbongsa.org	한국대학생 사회봉사협의회	www.kucss.or.kr
복지법인 함께하는 사람들	www.with4u.or.kr		

출처: 조성진, 강재열, 황윤성, 양승호(2017).

워크시트 나의 미래목표 계획하기(학업&직업&가정&자기개발&경제)

구분	연령	목표	목표 달성을 위한 계획
현재	( )세		
5년 후	( )세		
30대	( )세		
40대	( )세		
50대	( )세		
60대	( )세		

워크시트 목표에 대한 우선수위 정하기

순위	목표	선택한 이유	목표 달성을 위해 해야 할 것들
1			
2			
3			
4			
5			

워크시트 SMART한 목표설정 연습하기

구분	예시	목표 1:
S (구체적으로)	토익 공부를 위해서 7~9시까지 인강을 듣는다.	
M (측정 가능)	토익점수를 20% 향상한다.	
A (실행)	토익점수 20 향상을 위해서 – 하루에 영어단어를 10개씩 외운다. – 인강시간에 휴대폰을 꺼 놓는다. – 인강수업 이후 복습하고 잠을 잔다.	
R (현실적)	현재 토익점수를 600점에서 800점을 올린다.	
T (마감시간)	800점에 대한 도달 시간은 6개월이다.	
느낀 점		

워크시트 대학생활 경력개발 계획 세우기

	필요한 경력개발	나에게 필요한 경력개발	나의 위치
대학생활 동안 준비해야 할 것	• 학점		
	• 인턴십		
	• 자격증		
	• 공모전		
	• 봉사활동		
	• 기타		
대학생활 동안 실천계획			

참고문헌

강현희(2015). 폴리텍 대학생의 진로장벽이 진로준비행동에 미치는 영향: 진로탄력성의 매개효과. **진로교육연구, 28**(1), 59-78.

고지영(2005). 청년실업자의 진로타협 요인분석. 경기대학교 대학원 석사학위논문.

김광희(2021). 2년제 미용전공 대학생의 진로준비 행동 중에 경험하는 진로장벽 대처에 대한 사례연구. 성결대학교 대학원 박사학위논문.

김미경(2014). 전문대학생 진로탄력성 척도 개발. 경북대학교 대학원 박사학위논문.

김선중(2005). 진로장벽, 희망, 진로결정자기효능감이 진로준비행동에 미치는 영향. 홍익대학교 대학원 박사학위논문.

김은영(2001). 한국 대학생 진로탐색 장애검사(KCBI)의 개발 및 타당화 연구. 이화여자대학교 대학원 박사학위논문.

김은진, 천성문(2001). 부모로부터의 갈등적독립이 진로결정수준에 미치는 영향: 자아정체감 수준을 매개로. **동서정신과학, 4**(1), 147-162.

김인기(2019). **진로탐색과 미래설계**. 서울: 학지사.

김인기, 이향정(2016). **성공 취업 진로**. 경기: 양서원.

김현순(2020). 대학생이 진로장벽과 진로준비행동의 관계에서 진로탄력성의 매개효과. **한국산학기술학회논문지, 21**(12), 291-299.

김희수(2017). **자기이해와 진로탐색**. 서울: 학지사.

남미정(2010). **진로탐색 및 생애설계**. 부산: 부산대학교출판부.

남미정(2015). **진로취업 매뉴얼**. 서울: 학지사.

리상섭, 김인숙, 박제일, 석기용, 김소현, 김창환, 노윤신, 최지은(2014). **직업·진로설계**. 경기: 양서원.

문승태, 김연희(2003). 고등학생의 사회경제적 배경, 부모와의 애착 및 자아정체감이 진로결정수준에 미치는 영향. **진로교육연구, 16**(2), 205-220.

문춘식(2016). 하트에너지. 서울: 좋은땅.

박은선(2008). 아버지 유형이 대학생의 진로탐색자기효능감과 아버지와의 애착에 미치는 영향. **동서정신과학, 11**(1), 47-64.

박혜리나(2021). 국악전공 대학생들의 진로태도성숙과 진로장벽간의 관계 분석. 중앙대학교 대학원 박사학위논문.

손은령(2001). 여자대학생이 지각한 진로장벽. 서울대학교 대학원 박사학위논문.

손은령, 김계현(2002). 여자대학생이 지각한 진로장벽 요인에 관한 연구. **한국심리학회지,** 14(1), 121-139.

신혜진(2016). 대학생의 진로스트레스와 진로 준비행동에 대한 잠재프로파일 분석과 진로동기의 영향력 검증. **한국심리학회지: 학교,** 13(2), 349-373.

오성배, 박희훈, 이유정, 김학범, 장은지, 오정숙(2020). 청소년 진로탄력성의 의미와 구성요인에 관한 델파이 분석. **역량개발학습연구,** 15(1), 89-110.

유채은, 조규판(2014). **진로와 자기계발.** 서울: 학지사.

유현실(2013). 진로탄력성 개념에 대한 이론적 검토와 성인 진로상담에 대한 시사점. **상담학연구,** 14(1), 423-439.

윤옥한(2019). **인생 설계와 직업·진로 탐색.** 서울: 양서원.

윤정혜(2020). 대학생의 진로결정자기효능감이 진로준비행동과 진로적응성에 미치는 영향: 긍정심리자본의 매개효과. 국제뇌교육종합대학원대학교 박사학위논문.

이무근, 이찬(2012). **대학생의 진로 멘토링.** 경기: 교육과학사.

이영(2021). 영화로 만나는 교육. 서울: 부크크.

이지연(2017). 4차 산업혁명을 대비한 청소년 진로교육의 방향. 한국진로교육학회 학술대회지.

임경희, 박미진, 정민선, 한수미, 이종범, 김진희, 홍지영, 문승태, 김수리, 최인화, 조봉환, 이인혁(2015). **직업기초능력 향상을 위한 자기개발과 진로설계.** 서울: 학지사

정미경(2019). 대학생의 진로결정관계성, 진로장벽, 진로준비행동 간의 구조적 관계 분석. **Global Creative Leader : Education & Learning,** 9(1), 65-81.

정범구, 박상언, 김주엽, 송계충(2017). **조직행위론.** 서울: 경문사.

정환호(2016). 음악전공 대학생들의 전공선택과 진로선택 및 진로장벽 분석. 중앙대학교 대학원 박사학위논문.

조경주(2018). 대학생 진로장벽과 관련변인에 관한 메타분석. 건국대학교 대학원 석사학위논문.

조성진(2013). 대학생 코칭 프로그램 운영 효과 분석과 활성화 방향 모색: 3개 대학 4개 사례를 중심으로. **코칭능력개발지,** 15(3), 235-246.

조성진, 강재열, 황윤성, 양승호(2017). **대학생을 위한 진로탐색과 취업전략.** 경기: 양성원.

차아름, 이희경(2014). 심리적 진로방벽, 환경적 진로장벽이 진로준비행동에 미치는 영향: 희망을 매개변인으로. **상담학연구, 15**(1), 343-358.

최주영(2022). 대학생의 계획된 우연학습기술과 진로준비행동 간의 관계: 진로탄력성의 매개효과와 역기능적 진로신념의 조절된 매개효과. 전남대학교 대학원 박사학위논문.

탁진국, 이기학(2001). 직업결정척도 개발을 위한 탐색적 연구. **디지털경영연구, 1**(1), 167-180.

한국고용정보원(2001). 직업선호도검가 실시요람.

한국고용정보원(2008). 직업선호도 검사 개정 연구보고서(1차년도).

한국고용정보원(2019). 2019 한국직업전망.

한국고용정보원(2019). 2020 직업사전.

한국경제연구원(2021). 산업별 청년층 취업자 추이 분석과 시사점. KERI Insight.

한국산업인력공단(2017). 기초직업능력프로그램 자원관리능력 교수자용 매뉴얼. 서울: 진한엠앤비.

한국직업능력개발원(2012). 커리어넷 직업가치관검사-활용안내서. 서울: 한국직업능력개발원.

한종임, 장유진(2021). 대학생의 진로장벽과 진로준비행동: 진로탄력성과 진로타협경향성의 조절된 매개모형. **진로교육연구, 34**(2), 121-142.

황매향(2002). 진로의사결정에서 나타나는 타협과정. 서울대학교 대학원 박사학위논문.

Gardner, H. (2007). **하워드 가드너 다중지능.** [Multiple intelligences] (유경재, 문용린 역). 서울: 웅진씽크빅(원저출판: 1993).

Gottfredson, L. S. (1981). Circumscription and Compromise A Developmental Theory of Occupational Aspirations. *Journal of Counseling Psychology, 28*, 545-579.

Hirsh, S. K., & Kummerow, J. M. (1997). **성격유형과 삶의 양식.** [Life types] (심혜숙, 임승환 역). 서울: 한국심리검사연구소(원저출판: 1992).

Leung & Plake(1990). A choice dilemma approach for examining the relative importance of sex type and prestige preferences in the process of career choice compromise. *Journal of Counseling Psychology, 37*(4), 399-406.

Super, D. E. (1994). A life span, life space perspective on convergence. In M. L. Savickas, & R. W. Lent (Ed.), *Convergence in career development theories: Implications for science and practice*, 63-74, CPP Books.

Swanson, Daniels & Tokar(1996). Assessing perceptions of career-related barriers: The Career Barriers Inventory. *Journal of Career Assessment, 4*(2), 219-244.

Swanson, J. L., Daniels, K. K., & Tokar, D. M. (1996). Assessing perceptions of career related barriers: The Career Barriers Inventory. *Journal of Career Assessment, 4*, 219-244.

Swanson & Tokar(1991). Development and initial validation of the Career Barriers Inventory. *Journal of Vocational Behavior, 39*(3), 344-361.

워크넷(http://www.work.go.kr).

커리어넷(http://www.career.go.kr).

국가직무능력표준(http://www.ncs.go.kr).

http://summer.berkeley.edu

http://summersession.ucsd.edu

찾아보기

ㄱ

ㄷ

ㅁ

ㅅ

ㅇ

ㅈ

ㅎ

기타

저 / 자 / 소 / 개

■ 송미라

숙명여자대학교 교육학박사(상담·생활지도 전공)
현, 연우심리연구소 평촌점 소장
정화예술대학교 겸임교수

■ 이 영

고려대학교 교육학박사(교육방법 전공)
현, 국군간호사관학교 교양학처 부교수(교수학습개발센터장)

■ 황혜원

숙명여자대학교 교육학박사(상담, 교육심리 전공)
현, 공군 보라매리더십센터 교수

자기진단과 진로탐색

1판 1쇄 인쇄 — 2023년 2월 16일
1판 1쇄 발행 — 2023년 2월 20일

저 자 - 송미라 이 영 황혜원
발 행 인 - 강철원
발 행 처 - 양성원
주 소 - 경기도 파주시 검산로 173번길 29-12
전 화 - 031-946-3861(代)
팩 스 - 031-946-3864
이 메 일 - tnwpub@naver.com
홈페이지 - tnwpub.co.kr
출판등록 - 2015년 8월 31일 제 2015-000211 호

ISBN 979-11-6126-490-5

정가 19,000원